Metzger
500 g
200 g
200 g Knoblauch
300 g Speck

Kathrin Hofmeister
Fotografien von Christa Brand

Mein Stadtgarten Diary

52 Wochen mit Rezepten, Tipps und Ideen

Deutsche Verlags-Anstalt

Vorwort

Gärtnern ist ein weites Feld. Wie willst du das in der Stadt beackern? Mit Kreativität und Begeisterung! Und was kann ein Tagebuch leisten, das aus der Schatzkiste an grünen Möglichkeiten 52 Wochen lang Anregungen und Anleitungen herausgreift? Viel – hat uns die Recherche für den vorliegenden Ideenratgeber gezeigt. Die Gründe, aromafrisches Grün zu ziehen und betoniertem Einheitsgrau die Flower-Power-Stirn zu bieten, leuchten sofort ein: Eigenes Obst und Gemüse wird auf kürzestem Transportweg produziert. Ein Stück Natur zurückgeholt. Die Lebensqualität des Umfelds nachhaltig gesteigert. So bist du eins fix drei Teil der Bewegung „Sich-Freiraum-Schaufeln".

Zwei Jahre lang haben die Fotografin Christa Brand und ich Themen und Orte aufgespürt, die exemplarisch für die Bedürfnisse der „Urban Generation" stehen. Viele haben uns dabei unterstützt. Ein Danke dafür! Auf den Punkt hat es eine Garten-Aktivistin gebracht: Das Beste am grünen Freizeitvergnügen sei, dass man aktiv abschalten könne. Stimmt! Die Hände bekommen was zu tun, das uns wieder erdet. Die Augen haben was zu schauen, mit dem unser Lebenstempo Schritt halten kann. Der Kopf wird nicht einfach ausgeschaltet, sondern frei für eine neue Sicht der Dinge.

Das Ergebnis ist das vorliegende Tagebuch. Hier ein Tipp, da ein Erlebnis aus der Garden-Community, dort ein Erfolgsrezept, das lohnt ausprobiert zu werden. Alles kann auf dem Weg zum authentischen Garten irgendwann nützlich sein. Deshalb stimmt das Kalendarium auf die jeweilige Woche im Jahreslauf ein und lässt Platz für eigene Aufzeichnungen. Die darauf folgenden Seiten geben eine Vorstellung davon, was im und mit dem Garten erlebt werden kann. Das muss man sich doch auf der Zunge zergehen lassen! Ein Gruß aus der Küche darf daher nicht fehlen. Die Rezepte präsentieren sich international. Gärtnern in der Stadt ist weltoffen.

Der Beginn einer großen Freundschaft

Alles was man ab jetzt im und mit dem Garten erlebt, hat Platz in diesem Diary. Vieles wird im Laufe der Zeit so verständlicher: Der immer wiederkehrende Rhythmus des Säens und Erntens, der richtige Zeitpunkt für Pflege und Genießen, das immer neue Erleben einer faszinierenden Welt.

Sogar das Gärtnerlatein leuchtet ein. Hinter den deutschen Pflanzen- und Sortennamen steht oftmals die botanische Bezeichnung. Bis zur Einführung des ordnenden Systems war die Verständigung oft ein Witz: Treffen sich ein Franzose, ein walisischer Brite und ein Eifler. Erzählt der erste von seinem „Poireau", der zweite von „Cenhinen" und der dritte von „Zuppekrout". Kommt der Schwede Carl von Linné 1735 daher und spricht, „ihr meint alle dasselbe Gemüse, nur wisst ihr es nicht". Dank seiner Ordnung bekamen Pflanzen, Tiere und selbst der Mensch einen Gattungs- und Artnamen.

Der Lauch beispielweise, wie oben beschrieben je nach Land und Region unterschiedlich genannt, heißt nun international verständlich *Allium porrum,* und gehört zur Familie der *Alliaceae*. Man kann sich das wie in einer richtigen Familie vorstellen: Von Hinz und Kunz und Alliums gibt's viele. Ob nun Leon, Lina oder Schnittlauch gemeint sind, spezifiziert der Artname. Oftmals steckt wie beim *Allium schoenoprasum* eine charakteristische Eigenschaft dahinter. Die Halme des „binsenblättrigen" Lauchs, sprich Schnittlauchs sehen ja auch wirklich „schoenoprasum", also wie Binsen aus.

Die eigene Spezies nannte Linné gar Homo sapiens – der kluge Mensch. Das lateinische Substantiv „sapiens" bezeichnet den Weisen, Philosophen und Feinschmecker. Na, wenn das kein Ansporn für das vor uns liegende Jahr im Stadtgarten ist?!

Januar

1

2

3

Vögel füttern

4

5

Obstbaumstämme durch Schutzanstrich vor Frostrissen schützen

6

7

Who's who

In der Praxis kursieren Begriffe wie Stauden, Gehölze, Sommerflor und mehr. Muss man das wirklich wissen? Für die konkrete Planung vor Ort ist es hilfreich, ausdauernde Pflanzen von kurzlebigen zu unterscheiden. So kann man die begehrten Plätze im Stadtgarten optimal vergeben. Einjährige Pflanzen wie Sommerblumen ermöglichen, jedes Jahr etwas anderes auszuprobieren. Die meisten Gemüsepflanzen wach-

sen, reifen und fruchten innerhalb einer Saison. Im nächsten Jahr muss man sie neu ansiedeln. Stauden und Gehölze dagegen gehören zu den mehrjährigen Pflanzen.

Beste Beispiele

Orange leuchtende Ringelblumen *(Calendula officinalis)*, deren Blütenblätter essbar sind, und Kornblumen *(Centaurea cyanea)* (2) sät man als einjährige Blumen jedes Jahr neu aus. Die Aussaattermine stehen auf den Aussaattütchen. Stauden kehren ohne Zutun wieder. Sie lassen sich zu Farbbildern aus Steppeniris *(Iris-Spuria*-Hybride) in Katzenminzenwolken und Wolfsgrün verweben (1). Den Jahreszeiten geben sie wie rosafarbene Flammenblume *(Phlox paniculata)* (3) und gelbe Schafgarbe *(Achillea)* (4) im Sommer ein unverwechselbares Gesicht.
Fenchel *(Foeniculum)* kultiviert man als einjährige Gemüsepflanze und/ oder meist zweijähriges Heil- und Würzkraut (5). Kurzlebig aber selbst versamend, wirbelt die Prachtkerze *(Gaura lindheimeri)* durch den Garten (6).

Grundsätze der Gestaltung

Mit den Gestaltungsregeln ist es ein bisschen wie mit den Mitmenschen, die zu jeder Situation den richtigen Spruch auf Lager haben. Da bekommt man zu hören: „Es gibt nichts Gutes, außer man tut es." Das klingt so, als müsse man dem Garten einfach eine Struktur durch Wege, Hecken, Zäune und andere Grenzposten geben, den Boden vorbereiten und mit dem Pflanzen loslegen. Doch noch vor dem ersten Spatenstich kommt ein Schopenhauer-Kenner und

zitiert den Philosophen: „Bei gleicher Umgebung lebt doch jeder in einer anderen." Will sagen: Man muss das jeweilige Kleinklima beachten und sich an dem zur Verfügung stehenden Raum orientieren. Dass „Einsicht der erste Schritt zur Besserung ist" gilt im Garten nur bedingt. Wenn möglich, sollte der ganze Garten nicht auf einen Blick überschaubar sein. Völlig fehl am Platz ist die Philosophie „willste gelten, mach' dich selten". Vielmehr überlegt man sich vorab, wie viel Zeit und Kraft man in den Garten investieren kann und will.

Seine fünf Sinne hat man dabei beisammen. Wer schon bei der Planung berücksichtigt, neben dem Sehen und Schmecken den Tastsinn mit flauschigem Blattwerk, die Nase mit Duftpflanzen und das Ohr mit raschelnden Gräsern oder einem plätschernden Quellstein anzusprechen, blüht zwischen seinen Gewächsen förmlich auf. Für die ultimative Gärtnerregel hört man sich am besten in Afrika um. Dortige Weisheiten lehren, Geduld zu haben: „Das Gras wächst nicht schneller, wenn man daran zieht."

Januar

8

9

10

Schneelast von Gehölzen schütteln

11

12

Winterschutz kontrollieren

13

14

Es ist Erntezeit

Ein echtes Wintergemüse sind Pastinaken. Die hellen Wurzeln (2) der zweijährig gezogenen Pastinaken können von Oktober bis März direkt aus dem Garten geerntet werden. Die Samen (3) streut man von Februar bis Juni ins Freie.

Von der Süßkartoffel, deren rosarote Knollen man in der Küche schmackhaft zubereitet (2), gibt es Sommerflor-Varianten, die man wegen ihres Blattschmucks pflanzt (1). Diese Zierpflanzen bilden nur minimale Knollen aus.

Schmuck- oder schmackhaft

Soll es nützlich oder dekorativ sein? Die Frage stellt sich der gärtnernden Spezies immer wieder. Oftmals lässt sich beides miteinander verbinden. Viele Gemüsepflanzen haben ein hübsches Laub oder zierende Blüten. Die als Wurzelgemüse gezogenen Pastinaken beispielsweise bringen im zweiten Jahr gelbgrüne Doldenblüten hervor. Die hübschen Schirmblüten sind wie viele Doldenblütler von Dill bis Fenchel bevorzugte Landeplätze für Insekten. Das Schwirren und Summen belebt einen Garten. Eintönigkeit wird vollends zum Fremdwort, wenn man überall Blattschmuck wie den von Süßkartoffeln einsetzt.

Backofen auf 175 °C vorheizen. Backblech mit Backpapier auslegen. Pastinaken (1) und Süßkartoffeln schälen und mit dem Messer in etwa gleich große Scheiben schneiden (2). Scheiben auf das Backblech geben, Olivenöl darüberträufeln und von allen Seiten damit einschmieren (3). Chips anschließend so verteilen, dass sie nebeneinander zu liegen kommen (4). Je nach Scheibendicke etwa 20 bis 30 Minuten bei Umluft backen. Dazu passen süß-herbe Delikatessen wie Roter Moselweinbergpfirsich und süß-saure Chutneys.

Parsnips and Sweet Patato-Chips

Einige Wurzeln Pastinaken und Süßkartoffel-Knollen
Olivenöl, Salz
Regionaltypische Kompottfrüchte wie Roter Moselweinbergpfirsich (eingelegt)
Chutney nach Wahl (z. B. Tomatenchutney)

Wenn die Kataloge reinschneien

Sieben Seiten Setzkartoffeln, verführerische Gemüsespezialitäten und die neuesten Fruchterlebnisse: In diesem Angebotsdschungel die richtige Wahl für die kommende Saison zu treffen, ist nicht leicht. Für die Gourmetsafari gibt es ein paar hilfreiche Auswahlkriterien. Doch bevor die zur Anwendung kommen, malt man sich das zukünftige Gartenparadies, wie bei einer Reise, in den schönsten Farben aus. Steht auf der Liste dann alles, was man sich vorstellen kann, folgt der Tauglichkeits-Check:

Was ist im Sortiment der Supermärkte nur schwer zu bekommen? Alte und lokale Landsorten gehören dazu. Was soll möglichst frisch auf den Tisch? Das Vitamin C in Salat beispielsweise ist flüchtig. Was verliert bei den marktüblichen Transportwegen an Qualität? Druckempfindliche Früchte kann man im eigenen Garten wirklich reif ernten.

In der Sparte „Auf Entdeckerjagd" findet sich Kurioses wieder. Bei Gemüsesamen lautet das Prüflabel „Mal was Neues ausprobieren"? Ein Anteil von zwei Drittel Sorten, mit denen man gute Erfahrungen gemacht haben und ein Drittel Unbekanntem hat sich bewährt. Entsprechen die Testfrüchtchen nicht dem persönlichen Geschmack, ist das kein Problem. Im Gegensatz zu standorttreuen Obst- und Beerengehölzen, die man besonders sorgfältig auswählt, probiert man im nächsten Jahr etwas anderes aus. Auf Praxiswissen sollte man sich bei der Wahl dennoch verlassen. Die Angaben über Höhe, Breite und Standortansprüche schränken die Wunschliste oft schon auf ein überschaubares Maß ein. Sparfüchse schreiben unter die Auswahl noch: Das erste gewonnene Geld, ist jenes, das man nicht ausgegeben hat.

Januar

15

16

17

18

Saatvorräte sichten

19

20

Chicorée antreiben und bleichen

21

Gärtnerfreizeitspaß

Das Surfen im Online-Shop der Versandgärtnereien erhöht die Freude auf die Saison (2). Hier findet man Infos von Aussaat und Pflanzanleitung über Pflegemaßnahmen bis zu Blüte und Ernte. Im Hinterkopf behält man, dass das Eintauchen in die Welt der Pflanzen vor Ort ein Riesenspaß wird. So lässt sich auf dem Wochenmarkt nach Sicht auswählen (3) und anschaulich in derzeit noch verschneiten öffentlichen Gärten forschen (1).

Man lernt nie aus

Hält der Garten Winterschlaf, vergräbt sich der Gärtner in die Fachbücher oder ackert das Internet nach Vorschlägen zu Pflanzkombinationen durch. Erfahrungsgemäß bleiben die beeindruckensten Beispiel jene, die man selber erlebt hat. Deshalb gehört zur Jahresplanung auch das Vormerken diverser Gartentage, Festivals und Offenen Gartenpforten. „Jeder Besuch in einem Garten, ob klein oder groß verbessert das gärtnerische Können", lehrt die berühmte englische Gardenlady Penelope Hobhouse. Für alle Fälle hat der Stadtgärtner sein Notizbuch dabei. Ausgewertet werden die Aufzeichnungen in diesen Tagen.

Die Planung für den Küchengarten steht an

Welche grünen Gewächse in der kommenden Saison die Mieter unserer Kisten, Kästen und Beete sein werden, kann sich in diesen Tagen entscheiden. Gute Nachbarschaft ist auch ein Thema unter Gemüse. Das beginnt schon beim Platzbedarf: Ideal ist ein Nebeneinander von Wurzel- und Blattgemüse. Hohe Arten dürfen anderen Sonnenhungrigen nicht das Licht wegnehmen. Lange Bohnenstangen landen am Nordrand, wo sie keine Schatten werfen.

Persönlich wird's bei der Partnerwahl. Pflanzen beeinflussen sich gegenseitig im Wachstum. Im schlimmsten Fall, wie dem von Bohnen und Kohl, die sich nicht mit Zwiebeln aller Arten vertragen, hemmen sie sich. Im besten Fall fördern sie sich. Von echter Nachbarschaftshilfe kann man bei Möhren und Zwiebelarten sprechen: Zwiebelgeruch vertreibt die Möhrenfliege, Möhrenduft hält die Zwiebelfliege

fern. Über die besten Mischkultur-Partner gibt es ganze Tabellen. Gerade auf engem Raum scheint es jedoch fast utopisch, allen Bedürfnissen gerecht zu werden. Für den Anfang reicht es, die auf der folgenden Doppelseite beschriebenen „Must not's" zu kennen. Für den Rest gibt es eine Art Hausordnung: Arten aus der gleichen Pflanzenfamilie sollten nicht in direkter Nachbarschaft wohnen, und auch nicht im Folgejahr auf die gleiche Stelle ziehen. Erbsen und Bohnen beispielsweise gehören beide zur Familie der Schmetterlingsblütler. Man kultiviert sie räumlich und zeitlich getrennt. Idealerweise sollen sich Vor- und Nachmieter ergänzen. Doch selbst ohne strenge Frucht- und Nährstofffolge kann was aus einem bunt zusammengewürfelten Haufen werden. Das Wichtigste ist: keine Monokultur aufkommen zu lassen.

Januar

22

23

24

Laub wegrechen, wo Vorfrühlingsblüher stehen

25

26

Anzuchtschalen reinigen

27

28

Das Mischkultur-Rotations-prinzip

Teilt man sein Beet in „Block- oder Reihenhäuser", wohnen in Nummer eins im ersten Jahr Blattpflanzen, im zweiten Jahr Wurzel- und Knollengemüse. Im dritten folgt Fruchtgemüse und im vierten ziehen Blütenpflanzen ein. Ebenfalls im Uhrzeigersinn geht's nach dem Nährstoffbedarf. Wo Gründüngung den Boden „renoviert" hat, folgen Starkzehrer, später Mittel- und Schwachzehrer. Über fünf, sechs Jahre am gleichen Platz halten es nur Erdbeeren und Tomaten aus.

„Must not's":

Prinzipiell ist jedes gemischte Beet besser als Monokultur (1). Zu den Arten, die sich absolut nicht mögen, gehören Petersilie und Salat. Überhaupt ist Petersilie, ob glatt oder kraus (2), ein Einzelgänger und verträgt sich nur mit Tomaten und Radieschen. Erbsen sollte man nicht zu Bohnen, Tomaten und Kartoffeln setzen. Fenchel „streitet" mit fast jedem. Man mischt ihn besser unter Blumen.
Weitere „Stinkstiefel" sind der geruchsintensive Liebstöckel und stark riechender Wermut.
Tipp: In eine einzelne Ecke oder in Kübel setzen.

Zwei, die sich mögen:

Bohnen und Bohnenkraut sowie Gurken und Dill.
Rettich und Radieschen sät man zwischen Salat und Buschbohnen ein. Das hält Erdflöhe ab.
Tomaten und Sellerie in der Nachbarschaft von Kohl vertreibt Kohlweißlinge.
Als Diplomaten schickt man Blumen und Kräuter in jede freie Lücke.

1

2

Lacht die Sonne mediterran …

Auf den Blättern des Salbeis funkeln noch die Eiskristalle einer kalten Nacht, da blitzt die Sonne am wolkenlosen Himmel. Wäre man kein Gärtner, sondern Skifahrer, würde man jetzt jubilieren und die Sonnenbrille aufsetzen. Sonnenbrille aufsetzen? Na bitte, da haben wir es ja! Gegen zu viel UV-Strahlung muss man sich schützen. Das gilt jetzt ganz besonders für graulaubige Kräuter, alle Gewächse mediterraner Herkunft und grün gebliebene Kübelpflanzen in exponierten Lagen. Die Spätwintersonne steht schon wieder hoch. Mit ihrer Kraft taut sie gefrorene Pflanzen zu schnell auf. Das schädigt die Zellen. Jede Pistensau wird das bestätigen. Sonnenbrandgefahr! Und dann der Durst. Durch den Sonnenschein läuft bei den Pflanzen die Photosynthese an. Blattgrün will Licht in Energie umwandeln. Dabei verdunstet das Laub Wasser. Doch aus dem gefrorenen Boden kommt nichts nach. Vor allem Topfpflanzen vertrocknen jetzt leicht. Wer weiß was schlimmer ist – verdursten oder erfrieren?! Gegen beides hilft ein Sonnenschutz. Man kann den gefährdeten Pflanzen ein Vlies überstülpen oder sich für den Lichtschutzfaktor Tannenbaum entscheiden. In diesem Fall kommt der Weihnachtsbaum noch mal zu Ehren. Bleibt es längere Zeit frostfrei, nimmt man Tannenreisig und Vlies wieder ab. Unter einer gut gemeinten Schutzglocke würde ein dumpf-feuchtes, stickiges Klima Pilzkrankheiten fördern. Man kann es Slalomfahrt nennen: Will man seine empfindlichen Immergrünen elegant durch die Wintersaison bringen, muss man die richtige Technik beherrschen.

Januar

29

30

31

Rosen organisch düngen

1

Februar

2

In frostfreien Perioden Immergrüne im Kübel gießen

3

4

Vlies überstülpen

Um diese Zeit wird's oft noch mal kritisch für die „Mediterranen". An ihrem Naturstandort beginnen Salbei, Lavendel und Co. um diese Zeit bereits mit dem Neuaustrieb und kommen wie der Rosmarin bereits zum Blühen. Auf unseren Terrassen und Balkonen bleibt die genetische Programmierung, aber die heimatliche Wintermilde fehlt. Sonne und Wind bei gefrorenem Boden stresst die wintergrünen Halbsträucher. Unter einem Vlies können sie relaxen: Es schattiert und schützt vor Wind. Übergestülpt wie eine Kapuze, wird es sturmfest fixiert. Ungeeignet sind Plastikfolien. Pflanzen müssen unter der Schutzhaube atmen können. Hat es geschneit, packt man Kübelpflanzen Schneeflocken auf die Füße. Das Wasser der Schneeschmelze dringt nachhaltig in den Wurzelballen. Bei offenem Boden gilt: Wieder regelmäßig gießen.

Immerschön-Grün

Optisch schätzt man Salbei *(Salvia officinalis)* wegen seiner wintergrünen Blätter. Die Sortenvielfalt bringt Grau-Grün in allen Schattierungen hervor und Schmuckstücke mit weißem Rand ('Tricolor') oder in Lindgrün ('Icterina') (1). Unter die frostharten Vertreter hat sich im Tableau links oben ein Ananas-Salbei *(Salvia rutilans)* gemischt. Das Fruchtaroma der frostfrei zu überwinternden Art peppt Dessertspeisen auf. In der Erkältungszeit greift man auf die Heilkraft der anderen, medizinal genutzten Salbeis zurück. Ein Tee vertreibt Husten, Halsweh und Heiserkeit. Für 1 Tasse Tee: 2 TL Salbeiblätter mit kochendem Wasser überbrühen, 5–10 Minuten zugedeckt ziehen lassen und abseihen. Mit einem Schuss Apfelsaft schmeckt die Medizin sogar richtig gut. Die Blätter erntet man im Sommer, im Notfall zwei, drei Blättchen auch zur Winterzeit. Rund ums Jahr versorgt uns der Rosmarin *(Rosmarinus officinalis)* mit seinem Aroma (2). In der Küche würzt er Lamm, Huhn und Ofenkartoffeln. Frisch geerntet, schmeckt Rosmarin am besten. Zum Trocknen nimmt man ganze Zweige. Bruchstücke dünsten das ätherische Öl in den grünen Nadeln aus, was zu einem leicht ranzigen Geschmack führen kann. In der Aromatherapie wird Rosmarinöl eingesetzt, um die Lebensgeister zu wecken – die ideale Duftessenz für Kopfarbeiter.

1

2

Mediterranes Flair als Vorbild für die Terrassengestaltung

Noch kann man sich gar nicht vorstellen, dass der Terrassenplatz in ein paar Wochen in eine völlig andere Welt entführen kann. Solange die Hainbuchenhecke im Knospenansatz steckt und die Töpfe gähnende Leere ausstrahlen, ist Fantasie gefragt. Zu Beginn jeder Saisonplanung kann es hilfreich sein, sich eine Vorstellung von der Atmosphäre zu machen, die man erzeugen will. Oftmals sind es Reisebilder in unserem Kopf, die uns inspirieren. Mediterrane Landschaften und Gärten stehen auf der Beliebtheitsskala ganz oben.

Die Übertragung in Kleinformat bietet sich an, wenn der gewählte Platz vor Ort mit den Bedingungen in natura übereinstimmt – im Fall eines mediterranen Eckchens sollte er sonnig sein. Das Tolle an einer saisonalen Gestaltung ist ja die Möglichkeit, sich für gut sieben Monate die Erinnerung einzutopfen. Solch ein „pars pro toto" funktioniert wie ein Souvenir. Man hält ein kleines Stück des Ganzen vor Ort und hat doch mentalen Zugriff auf ein Gesamtwerk in der Ferne. Das kann ein konkreter italienischer Park sein, ein unbestimmter Mittelmeerplatz oder auch nur eine Illusion.

Süden im Topf

Für ein geselliges Beisammensein mediterraner Pflanzenvertreter auf sonnigen Balkonen und Terrassen eignen sich problemlose Stauden, Kräuter und Kleinsträucher mit langer Blütezeit (1). Steinquendel *(Calamintha nepeta ssp. nepta)* beginnt damit im August und blüht bis zum Frost (2). Zur gleichen Zeit entfaltet die Fetthenne *(Sedum telephium)* in der attraktiven Sorte 'Matrona' ihre Schirmblüten (3). Die von Juni bis Juli erscheinenden Blüten des Gewürz-Thymians *(Thymus vulgaris)* tragen ein besonders starkes Aroma (4). Nur zum Anschauen schmückt sich der Johanniskraut-Strauch 'Gemo' *(Hypericum erectum)* mit gelben Blüten über den Sommer (5). Lavendel *(Lavandula angustifolia)* blüht bei Rückschnitt nach dem ersten Flor im Juli etwas weniger üppig nach (6).

Let's go snowdropping

Die Galanthophilie ist auf dem Vormarsch. Und das nicht nur jahreszeitlich gesehen, sondern generell. Sie setzt sich aus dem botanischen Namen für Schneeglöckchen „Galanthus" und der Vorliebe für etwas zusammen. Sobald das Zwiebelgewächs blüht und damit den Vorfrühling einläutet, treffen sich die Liebhaber. Sie enden mit „phil", sind also galanthophil, und manchmal auch mit „viel", zum Beispiel einer Sammlung der 700 Namenssorten.

Das gab es zu allen Zeiten. Mal waren es englische Arbeiter, die Aurikeln sammelten, mal holländische Spekulanten, die mit Tulpen zockten. Auch Hortensien gehörten dazu. Ihren Namen verdanken die Sträucher „einem" französischen Forschergeist namens Hortense Baret. Um mit dem berühmten Arzt und Botaniker Commerson auf Reisen gehen zu können, musste Hortense sich als Mann verkleiden. Hätte der Häuptling aus Tahiti seine Nase aus dem Spiel gelassen, wäre der engste Vertraute des Gelehrten nie enttarnt worden. Beim gemeinsamen Gedankenaustausch roch das friedfertige Oberhaupt, dass es sich um eine begehrenswerte Frau handelte. In Liebe entbrannt, entführte er sie in den Dschungel. Der alte Commerson hinterher. Eine Rangelei zeigte die nackte Wahrheit der Schönen.

Drei Schlüsse könnte man aus dieser Anekdote ziehen:

1. Schließe dich Experten an.
2. Glaube aber nicht alles, was sie sagen, sondern mache deine eigenen Erfahrungen, denn auch sie können sich täuschen.
3. Vertraue den Instinkten, dann kann daraus eine ganz große Liebe werden.

Februar

5

6

7

Blauregen zurückschneiden

8

9

Johannisbeeren auslichten

10

11

Einladung zum Schneeglöckenfest

Die Stühle im Schneeglöckchenteppich sind schon mal mit Polstern ausgelegt. Zum „Snowdropping" gehört eine Tasse Tee und ein Stück Kuchen. Das beliebte Freizeitvergnügen kommt aus England. Dort strömen ganze Heerscharen zu großen und kleinen Gartenanlagen, auf denen „Snowdrops" – Schneeglöckchen aller Art gezeigt werden. Im eigenen Garten kann man das Wiedererwachen der Natur nach Lust und Laune feiern. „In the green", die Spanne, in denen die Schneeglöckchen blühen und grünen, ist der beste Zeitpunkt sie zu pflanzen und zu teilen. Zwiebeln, die im Herbst gesetzt werden, sind oft schon auf den Lieferwegen und durch die Lagerung ausgetrocknet. Dann wachsen sie schlecht an.

1

2

Aus Problemecken werden Blüteninseln

Zwiebelblumen, die im Vorfrühling blühen, eignen sich besonders gut für kleine Stadtgärten. Man muss ihnen nur einen Platz geben, an dem sie ungestört einziehen und verwildern können. Das kann im Saum der Grundstückshecke sein oder in einer sommerschattigen Rasenecke. Selbst im Kübel kann man es probieren. Gelbe Winterlinge *(Eranthis* hyemalis) (2) und lilafarbene Elfenkrokusse *(Crocus tommasinianus)* (1) sind solche Muntermacher. Je nach Klimagebiet tauchen sie von Januar bis April auf. Bis zum ersten Rasenschnitt sind sie wieder verschwunden.

Hängende Gärten

Man muss kein Weltwunder vollbringen, um in den Genuss hängender Gärten zu kommen. Was die legendäre Königin Semiramis einst in Babylon errichtet haben soll, kommt als Update in Stadtgartenformat in Frage. Jede Hausfassade hält Platz für Kletterpflanzen bereit. An der Wand bieten aufgehängte Kisten Stellfläche. Auf der Etagere finden Lieblingsgewächse einen Ort, an dem sie ihre Ranken von oben herunter pendeln lassen können.

Vertikales Gärtnern hilft, in großen Gärten Räume zu schaffen. In kleinen Gärten gewinnt man Raum, indem die Höhe ausgenutzt wird. Auf der Suche nach senkrechten Gestaltungsflächen wandere man mit dem „Hans guck' in die Luft-Blick" durch die eigenen vier grünen Wände. Noch liegt die Nutzfläche kahl da. Das macht es umso leichter, zu entscheiden, wo sich „vegetabile Wände" anbieten. Gestalter des neuen Jahrtausends haben sich dabei von der Vegetation des Regenwaldes oder Felsschluchten inspirieren lassen. Dort wachsen Epiphyten oberhalb des Bodens auf Bäumen und Farne auf nacktem Gestein. Die Idee der „Luftpflanzen" versucht man beispielsweise mit Pflanztaschen nachzuahmen.

Was die berühmten Vorbilder an den Fassaden großer Geschäftshäuser oder Museen betrifft, wird noch diskutiert, ob das nun Kunst oder Biotop sei. Im privaten Stadtgarten reicht es, zu wissen, dass sterile Wände aufatmen, das urbanes Grün CO_2 schluckt, Staub filtert, Sauerstoff produziert und irgendwie ein kleines Mirakel darstellt.

Februar

12

13

14

Frühlingsblühende Zwiebelblumen düngen

15

16

Alle 2–3 Jahre Gartenboden kalken

17

18

Urban Greening in Form

„Lass mich nicht hängen" bekommt im Zusammenhang mit Kletterpflanzen, die zurückgeschnitten werden sollten, eine wortwörtliche Bedeutung. Bestes Beispiel ist die auch als Blauregen bekannte Glyzinie *(Wisteria)*. Im Spätwinter kürzt man sie an den Seitentrieben auf drei bis fünf Knospen ein. Daraus sprießen die neuen Blüten. Der zweite Schnitt erfolgt nach der Blüte im Juli. Höchste Zeit ist es für den Winterschnitt des echten Weins. Mit den Kletterrosen dagegen wartet man besser bis zur Forsythienblüte. Schnitt regt an. Den Wachstumsimpuls könnten Spätfröste zunichte machen. Clematis haben je nach Blütezeitpunkt unterschiedliche Schnitttermine.

Aufstiegschancen

Die Möglichkeiten, Fassaden und Sichtschutzwände mit Himmelsstürmern zu behängen, sind fantastisch (1). Von Wildem Wein über einjährige Schlinger bis zum Blütenwunder Clematis und Blauregen hat jeder seine Klimmtechnik. Sie entscheidet über die Kletterhilfe. In belaubtem Zustand verdeckt der Blauregen seine kräftigen Schlingtriebe, die im Alter Regenfallrohre zerquetschen können (2). Zur Blütezeit im Mai (3) zeigt sich, dass er stabile Rankpfosten benötigt.

Food-Geschichten

Hört man Spezialisten beim Thema Dünger zu, könnte man meinen, sich in der Spitzengastronomie zu befinden: „Um diese Zeit streue ich eine Prise Korallalgenkalk zwischen die Lenzrosen und darüber eine Schicht Laub- und Rindenhumus.“ Wie die Sterneköche bringen Gärtner ihre Gewächse auf den Punkt. Statt Würze gibt's Mineralstoffe.

Nach ihrem Bedarf teilt man Gemüsepflanzen ein: Schwachzehrer wie Erbsen, Bohnen und Radieschen brauchen kaum Dünger. Salat und anderen Mittelzehrern reicht eine Startdüngung mit organischem Material. Starkzehrer alias Kohl und Tomaten verlangen während der Saison alle vier Wochen nach Flüssigdünger. Justus Liebig war einer der ersten, der durch seine Experimente erkannte, dass man dem Boden nach einer Wachstumsperiode das zurückgeben muss, was ihm die Pflanzen entzogen haben. Neueste Untersuchungen zeigen allerdings auch, dass die meisten Privatgärten eher überdüngt sind. Gemästete Pflanzen werden jedoch krankheitsanfälliger.

Mit einer Bodenanalyse verschafft man sich Klarheit. Die Proben zieht man am besten bis ins Frühjahr oder wieder nach der Ernte im Herbst. Sie werden an die Landwirtschaftlichen Untersuchungs- und Forschungsanstalten (LUFA) oder private Bodenlabore geschickt. Der Fachbericht schlüsselt die wichtigsten Elemente auf und gibt Düngeempfehlungen. Mit der Zeit lernt man auf solche Rezepturen zu verzichten. Beim nächsten Spezialistengespräch wird man eigene Erfahrungstipps einstreuen können: „Seit ich die Düngemittel durchwechsele, gelingt mir alles besser.“ Pflanzen wollen halt auch nicht jährlich den gleichen Kompost, immer nur Hornspäne oder ständiges Fast-Food in Form von Volldüngern bekommen.

Februar

19

20

21

22

Einjährige Sommerblumen vorziehen

23

24

Dicke Bohnen säen

25

Erdkunde oder die Lehre, den Boden zu verstehen

Schlägt man einen Atlas auf, sieht man: Hier liegen Gebirge, dort Wüste und entlang der Flüsse fruchtbares Schwemmland. Nimmt man eine Handvoll Gartenerde, kann man den Boden ebenso grob bestimmen. Rinnt die Erde körnig durch die Finger, hat man Sandboden. Schmiert sie angefeuchtet wie beim Töpferkurs, geht's in Richtung Ton. Zwischen diesen Extremen liegt Lehm.

Jeder Lebensraum hat seine Pflanzen: Disteln in salzhaltigem Küstensand. Felsspaltensiedler in den Alpen. Breitblatt-Wegerich im verdichteten Trampelpfad am Fussballplatz. Man könnte seinen Boden also annehmen wie er ist, müsste dann aber die richtigen Pflanzen dazu finden. Alternative: Boden verbessern.

Kies und Ton

Im Zuge der Klimaerwärmung gewinnen pflegearme Kiesgärten an Bedeutung (3). Der Boden wird mit Lavagrus oder Kalksplitt drainiert. Obenauf liegt eine 3–5 Zentimeter dicke Kiesmulchschicht. In solchen Böden gedeihen trockenheitsverträgliche Stauden wie Staudenlein *(Linum narbonense)* (1).
Aus Ton kann man lustige Figuren formen (2), aber auf Tonböden wird man keinen Spaß am Gärtnern bekommen. Ebenso wie schwerer Lehmboden muss er mit Mineralgemisch oder Sand durchlüftet werden. Dazu eignen sich scharfkantiger Kies, Schotter der Körnung 3–12 Millimeter, Blähton oder Mergel. Leichten Sandböden, die schnell austrocknen, mischt man dagegen Humus in Form von Kompost, Gründünger oder Bentonit unter. Selbst gekaufte Blumenerden lassen sich optimieren.

1

2

3

Verstecken hinter und unter Hecken

Den Blick fürs Naheliegende – übersehen. Die einfachste Lösung – schlichtweg nicht dran gedacht. Irgendetwas in der Richtung muss

es mit den Lebensräumen unter Hecken sein. Doch Zwiebelblumen erinnern den findigen „Wo ist noch eine Ecke frei"-Gärtner daran, dass hier eine der Toplagen im grünen Immobilienmarkt frei steht. Blausternchen zwischen Kissenprimeln oder Krokussen sind nur zwei Beispiele einer Gesellschaft, die sich fürs Unterholz eignet.

Von Februar bis April, zu einer Zeit, da im Garten sonst farblose, gähnende Leere herrscht, weben sie zarte Blütenteppiche. Nach der Blüte ziehen sie sich in ihre unterirdischen Speicherorgane zurück und wollen nichts als ihre Ruhe. Überall dort, wo geschnittene oder frei wachsende Hecken und Sträucher Grenzlinien gezogen haben, herrschen ideale Bedingungen. Der Deal zwischen Mieter und Untermieter, sprich im Wurzelbereich von Hainbuchen-, Kornelkirschen- oder Feldahornhecke und Winterlingen, Alpenveilchen, Strahlenanemone sieht so aus: Im Frühjahr lassen die noch unbelaubten Gehölze genügend Licht und

Feuchtigkeit durch. Im Sommer entziehen sie dem Boden Wasser, was den ruhenden Zwiebeln hilft. Das Herbstlaub schützt sie mit einer Mulchschicht.

Die Zwiebelblumen ihrerseits überzeugen jeden davon, dass es schöner ist, eine lebendige Begrenzung zu setzen, als sich mit Beton zu umgeben. Hautnah erlebt man die Jahreszeiten mit. Setzt man Bärlauch unter die Hecke, kann man sie demnächst sogar schmecken. Die frisch austreibenden Blätter mit dem Knoblaucharoma sind eine Delikatesse. Manchmal liegt das Gute ja so nah.

Februar

26

27

28/29

Paprika, Pepperoni und Chili aussäen

1

März

2

Dahlien vortreiben

3

4

Weide sich daran, wer kann

Weiden sind ein beliebtes Material im Garten. Mit ihrer unbändigen Lebenskraft bringen sie Natürlichkeit in den Stadtraum. Man braucht nur einen Zweig in die Erde zu stecken und er wächst mit großer Wahrscheinlichkeit an. Aufgrund ihrer starken Regenerationsfähigkeit lieferte die Weide seit Menschengedenken zuverlässig und meist zum Nulltarif leichtes Holz, das sich mühelos flechten lässt.

Das wird daraus

Weiden formen lebendige Zäune (1). Sie eignen sich als Sichtschutzelemente und halten Winde ab. Aus den biegsamen Ruten lassen sich deko rative Türme bauen, die als Rankhilfe dienen (2). Das beansprucht wenig Platz und strukturiert eine Fläche optisch ansprechend. In niedrigerer Ausführung rahmen Weidenflechtzäune Beete (3). Legt man sich ein Mini-Gemüse-Rechteck im „Growing Bag“ an – einem nach oben aufgeschlitzten Pflanzerdesack – sorgt das außen herum gelegte Weidengeflecht für ansprechendes Aussehen. Als Kopfweide werden sie jedes Jahr um diese Zeit komplett gekappt (4). Weiden besitzen eine unglaubliche Kraft, immer wieder neu auszuschlagen (5).

4

5

Blauer Reiter

Warum nicht mal einen auf „Blauer Reiter“ machen?! Fakt ist, dass im Stadtgarten wenig Platz zur Verfügung steht. Man muss kreativ sein. Das Gewöhnliche hat wenig Reiz. Rote Tomaten und orangefarbene Möhren werden überall angeboten. Es müsste also etwas revolutionär anderes sein. Die Gruppe junger Künstler um den inspirierenden Wassily Kandinsky schaffte das: Pferde waren plötzlich blau, Bäume rot, Kühe kamen in Gelb-Rot-Grün daher und ehemals gegenständliche Gemälde bestanden nur mehr aus bunten Farbflächen.

Ja, so könnte man es machen: Statt grüner Zucchini mal die gelben Sorten wählen. Wer Zucchini selber anziehen will, sät innerhalb der nächsten acht Wochen im Haus in Töpfen aus. Die Möhren werden bunt wie der „Harlekin F1 Mix“. Die Tomaten tragen Streifen. Da mag die Ausbeute der selbstgezogenen Nutzpflanzen geringer bleiben als bei Sorten, die auf Massenertrag gezüchtet sind. Darum geht es dem Gemüse-Avantgardisten ebenso wenig wie den Blauen Reitern. Zu Beginn des 20. Jahrhunderts malten sie gegen den platten Materialismus eines fortschreitenden Industriezeitalters an.

In den Beeten und Kästen der urbanen Welt baut man in Vergessenheit geratene Arten an. Guter Heinrich *(Chenopodium bonus-henricus)* und Rote Melde *(Atriplex hortensis)* ziehen in die Stadt. Bei frostfreiem Boden können sie bereits direkt ins Beet gesät werden.
Und wenn die „Pferde mit einem durchgehen“, steht demnächst ein violettblauer Sprossen-Brokkoli im Garten.

März

5

6

7

Kartoffeln vorkeimen

8

9

Obstbäume schneiden

10

11

Durchlauchte Gesellschaft

Die Sippschaft der Lauchgewächse kennt viele Arten. Essbar wären sie alle. Doch hat es seinen guten Grund, dass sich einige als Gemüse und Würzkraut und andere als Zierpflanzen etabliert haben. Die einen sind besonders hübsch und die anderen besonders geschmackvoll.

Für die ersten Speise-Zwiebelgewächse beginnt nun der Anbau. Knoblauchzehen steckt man ab Anfang März im Abstand von 15 Zentimeter in der Reihe. Zwischen Erdbeeren oder im Blumenallerlei beugen sie Schädlingsbefall vor. Bis April werden Küchenzwiebeln und Schalotten gesteckt – mit der Spitze nach oben.

Zum Anbeißen schön

Die zierende Verwandtschaft des Schnittlauchs mischt in sonnigen Freiflächen mit. Auf 50–70 Zentimeter hohen Stielen schwingt der standfeste Kugellauch *(Allium sphaerocephalum)* zwischen Seseli (1). Wie Schnittlauch verwendet man die dicken Schlotten der mehrjährigen Winterheckenzwiebel *(Allium fistulosum)* (2). Sie treibt als eine der ersten Zwiebelarten im Jahr aus und kann bei mildem Wetter sogar im Winter beerntet werden. Die Aussaat erfolgt im März/April. Den wunderkerzenartigen Lauch *(Allium christophii)* (3) muss man im Herbst als Zwiebeln setzen, um im Juni in den Genuss seiner Blüte zu kommen. Wie der Zierlauch *(Allium aflatunense)* zwischen Storchschnabel (4) oder Lupinen (5) dient er als Schmuck.

1

2

3

4

5

Die gefühlte Jahreszeit

Ist der Frühling schon geschlüpft? Wie immer öffnet die Forsythie ihre kükengelben Blüten. Aber nicht jedes Jahr geschieht das zur gleichen Zeit, und je nach Region variiert der Blühbeginn. Man kann es phänomenal nennen. Die Wissenschaft nennt es Phänologie. Von den „Erscheinungen der Natur" leitet sie einen Kalender ab. Im Garten hilft der phänologische Terminplaner beim Säen, Pflanzen und Ernten.

Der Beginn der Forsythienblüte gibt den Startschuss zum Rasenmähen und Rosenschneiden. Irgendwann davor haben sich die Kätzchen der Salweiden pollengelb gefärbt. Das heißt: „grünes Licht" für die ersten Aussaaten. Der Boden ist jetzt warm genug, um unempfindliche Sommerblumen wie Ringelblume, Goldmohn und Kornblumen auszusäen. Die wenig kälteempfindlichen Erbsen können gelegt werden. Man muss kein Erbsenzähler sein, um zwischen drei Arten zu unterscheiden: Da gibt es die jung mit Hülse gegessenen Zuckererbsen, Schal- oder Palerbsen, deren Körner frisch sowie als Trockenerbsen verwendet werden, und die erst ab April auszusäenden und frisch geernteten Markerbsen. Gourmetgärtner kennen noch eine vierte Unterart, die „Capucijners". Kapuzinererbsen sind ein roh und als gedünstetes Gemüse geschätzter Leckerbissen aus Holland und dem ostfriesischen Raum mit hübschen violetten Blüten. Erbsensorten ab 80 bis 100 Zentimeter Höhe benötigen ein Stützgerüst. Damit sie nach dem „Schlüpfen" auch heranwachsen können.

März

12

13

14

15

Kübelpflanzen pflegen

16

17

Erdbeerbeete ausputzen

18

Selbst gezogen

Vitamine für Smoothies (1) muss man sich derzeit noch außerhalb des Gartens besorgen. Doch auf der Fensterbank oder unter Glas wächst mit Rucola (2) bereits das erste eigene Grün heran. Ein paar frisch gekeimte Kresseblättchen könnte man schon als Garnierung zupfen. Bei den Tomaten steht bereits das Pikieren an. So nennt man das Vereinzeln gekeimter Samen. Dafür gibt es Pikierhölzer, mit denen man die Sämlinge entnimmt und in ein größeres Gefäß einsetzt. Die Tomaten-Sämlinge werden pikiert, sobald sie ihr zweites Blattpaar ausgebildet haben (3). Gefäß nicht zu groß wählen: Die Setzlinge sollen den Topf gut durchwurzeln und zum späteren Auspflanzen einen kompakten Wurzelballen bilden. Mit Namensschild versehen.

Smoothies

Wenn man nach den leuchtenden Farben der Topfprimeln lechzt, kann auch das vitalstoffreiche Fruchtgetränk aus Obst und Pflanzengrün den Durst nach wiedererwachendem Frühling stillen. Die Zutaten des cremigen Grünkraft-Drinks bestimmt man selber. Bewährt hat sich ein Mischungsverhältnis von 60% Früchten und 40% grünen Blättern. Steht einem die Lust nach einem Apfel und einer Orange, hieße das beispielsweise einen Bund Petersilienblätter mit zwei Tassen (500 ml) Wasser im Mixer pürieren. Je nach Geschmack tüftelt man an der Zusammensetzung. Von Karottenlaub bis zu Kohlrabiblättern, die sonst meist in der Tonne landen, hält die Welt des Chlorophylls viel Gesundes bereit.

Da keimt Hoffnung

Wie in der Berufswelt gibt es eine Art Karriereleiter bei der Aussaat. Wer nur mal reinschnuppern will, ob das Heranziehen

von Salatpflänzchen und Sommerblümchen das Richtige für ihn ist, beginnt auf der Fensterbank. Für das „Praktikum“ sucht man sich eine Stelle an einem sonnig-hellen Südfenster. Selbst wenn man sich das mit den keimenden Hoffnungsträgern angesichts gagelig gewordener Sämlinge anders vorgestellt hat, lernt man etwas fürs Gärtnerleben: Feine Samen werden leicht angedrückt, die Erde vorsichtig befeuchtet, zum Beispiel mit einer Handbrause oder einem Wasserzerstäuber, damit der Samen nicht weggeschlämmt wird. Und immer das passende Etikett dazu stecken. Nichts ist ärgerlicher, als hinterher nicht zu wissen, mit wem man es im Gemüsebeet zu tun hat.

Liegt einem die Richtung, ist der nächste Schritt ein wesentlich komfortableres Zimmergewächshaus. Bei der Anzucht kommt es auf Bodenwärme von unten und hohe Luftfeuchtigkeit von oben an. Auf dem Weg zum Kleingewächshaus – das als Meisterklasse die Anzucht und den späteren Anbau von Wärme liebenden Arten wie Tomaten, Auberginen, Chili und Basilikum enorm erleichtert – fängt man mit einem Folientunnel klein an. Unter der mobilen, über

Bögen gezogenen Folie wächst der erste Schnitt- und Pflücksalat doppelt so schnell wie ohne Schutzhülle. Der Frühbeetkasten wird zum Gesellenstück. Und für freiheitsliebende Charaktere kommt dieser Tage die Zeit, erste Aussaaten ins Freiland zu wagen.

März

19

20

21

Karotten säen

22

23

Erbsen legen

24

25

Aussaat

Für eine zünftige Brotzeit (1), einen knackigen Frühlingsbrunch oder das erste Picknick aus Eigenanbau gehen Radieschen an den Start. Sie keimen besonders schnell (2) und werden deshalb auch gerne als Markiersaat zwischen Möhren mit einer langen Auflaufphase gesät. Sobald der Boden einigermaßen abgetrocknet ist – Gummistiefelprobe: der Boden bleibt nicht mehr am Profil kleben – kann man neben Radieschen, Spinat, Mairüben, Rucola, Schnitt- und Pflücksalat jetzt direkt ins Beet säen. Manches wird man reihenweise, anderes breitwürfig (3) aussäen.
Vor der Aussaat in Töpfe, reinigt man diese von Erdresten und anderen Verschmutzungen (4). Das beugt Krankheiten vor. Aussaaterde verwenden: Blumenerden sind für die heranwachsende Saat zu stark aufgedüngt. Erfahrungen mit losem Saatgut, Saatbändern, -platten oder -scheiben sammeln. Von den Profis aus dem Erwerbsgartenbau kann man sich die Benutzung von Gemüsenetzen (5) abschauen. Sie verhindern, dass Schädlinge ihre Maden in heranreifendes Gemüse legen. Man deckt bereits die Saat damit ab.

1

2

3

4

5

Der essbare Frühling

Ab jetzt muss man sich mit den Unkräutern beschäftigen. Erstens, weil sie mit den gewünschten Nutzpflanzen um Licht, Nahrung und Wasser konkurrieren und deshalb regelmäßig ausgezupft oder gestochen werden müssen. Zweitens, weil in Giersch & Co. ungeahntes Potenzial steckt. Viele der durchsetzungsstarken Wildgewächse schmecken nach purer Grünkraft und unterstützen die Frühjahrskur.

Bestes Beispiel ist der Löwenzahn. Seine Bitterstoffe entschlacken den Körper. Als Heilpflanze lernte man ihn im Spätmittelalter aus den arabischen Ländern kennen. Aktenkundig wurde er in den 1970er Jahren. Ein Heilbronner Gerichtsurteil bescheinigt ihm die Existenzberechtigung als „ortsübliche Wiesenblume“. Dass es sich nicht um ein ordinäres Unkraut handelt, hatte schon Goethe erkannt. An den aufgeschlitzen Stängeln im Wasserglas führte er seine „morphologischen Studien über die Spiraltendenz der Vegetation“ aus. Im Frühling ließ er es sich aber auch nicht nehmen, den Gesundbrunnen, der neun mal mehr Vitamin C als Eissalat aus dem Supermarkt enthält, frisch zu verzehren. Als Selbstversorger baut man sich sein Goethe-Institut derzeit mit Tontöpfen im Garten. Über jeden austreibenden Löwenzahn stülpt man einen lichtundurchlässigen Blumentopf. Das bleicht die Blätter. Sie werden weniger bitter. Bei 5000 Samen, die ein blühender Löwenzahn produziert, sollten selbst im Hinterhof ein paar Fallschirme gelandet sein. Findet man keine Löwenzahnrosetten zwischen Wegplatten, im Rasen oder auf den Beeten, gibt es Kultursorten zum Aussäen. Die ausdauernde Pflanze sät man Mitte bis Ende Mai.

März

26

27

28

29

Beerensträucher düngen

30

31

Rosen schneiden

über 25°C

1

April

Die Jagd nach Vitaminen

Im Stadtgarten sind Wildkräuter etwas Besonderes. Auf dem Land waren sie ständige Begleiter. Kein Wegrain, an dem sich nicht als erste die gelben Blüten des Huflattichs zeigten. Kein Waldsaum, der nicht blauviolette Veilchen für kandierte Blüten geliefert hätte. Keine Hecke, in der sich nicht die meterlangen Ranken des Gundermanns, genannt „Heckenkieker" in die Höhe schraubten. Früher sammelte man die Zipperleinskräuter aus der Not heraus. Heute geht man dafür bewusst auf Kräuterwanderung.

Wie wäre es mit einer Landpartie in den nächsten Tagen? Die jungen Wilden muss man frisch im Frühling ernten. Später im Jahr bekommen die aromatischen Blätter einen scharfen Nachgeschmack.

Vielfältig verarbeitet

Wildkräuter eröffnen völlig neue Geschmackswelten. Das Raubtier unter den jungen Wilden ist der Giersch. Seine dreikantigen Stängel verströmen abgerupft einen wildigen Geruch. Im Garten lässt sich das gefürchtete Unkraut kaum zähmen. Man kann ihn aber wie Spinat in einer Tarte einbacken (2). Wie frische Brennesseltriebe liefert er Stoffe, die man nur in Wildgemüse findet.

Isst das Auge mit, steuern Veilchen und Gänseblümchen geeignete Blüten für den Verzehr bei (3). Frühlingsfrisch garniert, sieht ein einfaches Quarkbrot gourmetreif aus. Kreative Kompositionen für süße Leckermäuler ergeben sich mit Löwenzahnblüten (4). Wie sich Wildkräuter (1) verarbeiten lassen, erfährt man in Kursen geschulter Kräuterpädagogen.

Ach, du grüne Neune

Kann man sich das heute noch vorstellen, wie Alexander von Humboldt nach einem entbehrungsreichen Winter nach frischem Grün lechzte? Ja, sagt die frisch erwachte Lust auf alles Kräutergrüne. Der größte Unterschied zu 1846 liegt bei Herrn Tatter. Der suchte für die „Grüne Suppe" des Universalgelehrten als Gehilfe im Treib- und Gemüserevier in Sanssouci neun Frühlingskräuter. Die muss man heute schon selber zusammensammeln – oder sich die Kräuter in Töpfen auf dem Markt besorgen. Üppige Petersilien- und Schnittlauchtöpfe aus dem Supermarkt sind meist für den schnellen Verzehr angezogen. Will man längerfristig etwas von den Kräutern haben, sät man selber aus, oder kauft Pflanzen in Qualitätskräutergärtnereien.

Für traditionelle Zutaten der Frankfurter Soße wie Borretsch, Sauerampfer, Pimpinelle und Petersilie beginnt die Aussaat jetzt. Auch Kerbel, der bei Spätsommersaat überwintert hat, kann an einem nicht zu sonnigen Platz ab Ende März ausgesät werden. Allen Kräutern für die „Grüne Neune" ist das saftige Blattgrün gemeinsam. An der Beschaffenheit ihrer oberirdischen Triebe kann man ihre Standortansprüche erkennen. Vereinfacht ausgedrückt: der Boden sollte umso feuchter und nahrhafter sein, je saftiger grün eine Pflanze ist. Je satter das Grün strotzt, desto mehr Schatten halten sie zudem aus. In der Kräuterspirale hat man diese Erkenntnis umgesetzt: Oben, auf dem Sonnengipfel in magerer Erde thronen die mediterranen Kräuter wie Oregano. Nach unten hin, im immer feuchteren Halbschatten folgen die klassischen Salatkräuter, bis zur Brunnenkresse, die im Wasser steht.

April

2

3

4

Auf Schnecken achten

5

6

Erdbeeren düngen

7

8

Auf die Herkunft kommt es an

Da es zwischen Häuserblocks und in öffentlichen Parks schwierig ist, frühlingsfrische Wald- und Wiesenkräuter zu sammeln, zieht man Kresse und Konsorten lieber selber an. Das stellt sicher, dass die Pflanzen nicht verunreinigt sind und naturnah gezogen wurden.

Grünkraftkräuter

sehen von Natur aus appetitlich aus:
(1) Zitronenmelisse *(Melissa officinalis)*,
(2) Schnittlauch *(Allium schoenoprasum)*,
(3) Gänseblümchen *(Bellis perennis)*,
(4) Pimpinelle *(Sanguisorba minor)*,
(5) Rucola *(Eruca sativa)*,
(6) Kerbel *(Anthriscus cerefolium)*,
(7) Petersilie *(Petroselinum crispum* var. *neaplitanum)*.
Manche Arten bieten neben dem Standardgrün eine „Künstlervariante“. Panaschierte Sorten, wie der grün-weiße Oregano *(Origanum vulgare* 'Country Cream') (8) und der rotgeaderte Blutampfer *(Rumex sanguinesu* var. *sanguineus)* (9) gehören dazu.

Grüne Neune

(3 Personen)
Neun Frühlingskräuter nach Belieben
1 Becher Joghurt (150 ml)
je 1 EL Öl und Aceto balsamico bianco
3 hartgekochte Eier
Salz

Frühlingsfrische Kräuter nach Angebot und persönlichem Geschmack. Zum Beispiel je 3 EL Schnittlauch, Petersilie, Kerbel, Rucola sowie je 1 EL Blut-Ampfer, Zitronenmelisse, Pimpinelle, Oregano (gelblaubig u. weißbunt) und Gänseblümchen (1). Frisch geerntete Kräuter nur kurz in Wasser schwenken, um die Inhaltsstoffe nicht auszuschwemmen, und im Sieb abtropfen. Mit Küchenkrepp trocken tupfen. Groß- und langblättrige Kräuter wie Blutampfer, Schnittlauch und Rauke (2) mit dem Messer klein schneiden (3), restliche Kräuter mit dem Wiegemesser (4). Eier in Stücke schneiden (5). Alle Zutaten zu einer Soße vermischen (6). Die kalte Soße passt als Salatdressing oder zu Pellkartoffeln, Fleisch, Fisch und feldfrischem Spargel.

Erster beim Salat

Das Thema Salate kann man nüchtern wie ein Anlageberater angehen: Es sind die Gewächse, die in keinem Gartenportfolio fehlen sollten. Erstens, weil Vitamin C flüchtig ist und die vielen Mineralien und Spurenelemente nur in wirklich frisch geernteten Exemplaren ihre gesundheitsfördernde Wirkung entfalten. Zweitens wachsen die zartesten Blätter ohne Chemie und übermäßige Düngung heran. Und wo könnte man das besser steuern als im eigenen Garten. Drittens lassen sich Salate leicht aus Samen ziehen und werfen bereits nach sechs Wochen erste Rendite ab.

Die meisten Sorten können jetzt direkt an Ort und Stelle ausgesät und später vereinzelt werden. Es gibt ausgesprochene Frühsorten wie die bekannte Maikönigin, Sommersalate und Sorten, die durchgängig bis zum August nachgesät werden. Wintersalate wie Zichorien sind erst Anfang Juni bis Juli dran. Aufschluss über den richtigen Kulturzeitpunkt geben die Anleitungen auf den Samentütchen.

Die große Auswahl zeigt die Vielfalt von krausen Lollos über großblättrige Eis- und gezähnte Schnittsalate bis zu marmoriertem Bindesalat.

Hinzu kommen die asiatischen Spezialitäten, die anders als die Milchsaft führenden Lattichgewächse größtenteils zu den Senfgewächsen zählen. Sie werden gerne unter den Salat gemischt. Und das nicht nur in der Schüssel, sondern bereits in den Beetreihen. Noch etwas sollten Salat-Anleger wissen: Der Milchsaft der Salate enthält den opiatähnlichen Stoff Lactucerol, der das Nervensystem beruhigt. Da lautet der Tipp des Salatanlageberaters: Salat immer mit Öl anmachen. Denn Lactucerol ist nur in Fett löslich.

April

9

10

11

Zucchini, Kürbis, Gurken vorziehen

12

13

Kübelpflanzen gießen

14

15

Der Kreativ-Mix

Es gibt nicht wenige Küchengärtnerinnen und -gärtner, die ihre künstlerische Ader beim Salat-Anbau entdecken. Ist erst einmal die Ästhetik löffelblättriger Mausöhrchen neben Friséeoptik und bunt geadertem Blattgrün erkannt, werden Salatreihen zu Kompositionen. Meist färbt die Kreativität sogar aufs Essverhalten ab. Schöner ernten, heißt damit auch ideenreicher kochen.
Doch mitnichten geht's im Salatbeet nur um Selbstverwirklichung. Das kreativ gemischte Grün hat einen ganz praktischen Vorteil: Blattläuse sollen Salate besser erkennen, wenn sie Grün sind. Mischkultur verwirrt sie. Salate, die direkt an Ort und Stelle ausgesät werden, gelten als robuster gegenüber vorgezogenen Setzlingen. Schnecken scheinen davon nichts zu wissen. Der kluge Salatgärtner baut daher mit Glashäuschen sowie Glocken vor und schützt die zarten Pflänzchen gleichzeitig vor Minusgraden.

Mit Blatt und Blüte

Asiagemüse wie der exotische Indische Senf 'Roter Amchoi' (1) mischt Salateinerlei auf. Zarte, junge Blätter erntet man wie Pflücksalat. Ältere Blätter werden gedünstet.
Will man die Anbauzeit von Salat verkürzen, greift man auf Setzlinge zurück (2). Ohne Vorkultur spart man vier bis acht Wochen. Salatpflänzchen nicht zu tief setzen, damit der Wurzelhals nicht fault. Bis zu einem Drittel seiner Höhe darf der Erdballen aus dem Boden ragen. Sind die Erdballen gekaufter Pflänzchen sehr fest gepresst, wurzeln die Pflanzen nur schlecht ein. Der Trick: Wurzelballen vor dem Pflanzen unten mit einer Gabel etwas auflockern.
Für die bunt gemischte Salatschüssel (3), sät man jetzt essbare Blumen wie Ringelblume, Kapuzinerkresse und Malven aus.

Kräuterlust statt Winterfrust

Mit dem Rosmarin und Lorbeer geht es schon seit März rein und raus. Jetzt kommen die Duftgeranien dazu. „Akklimatisieren“

schimpft sich das. Man muss es als eine Art grüne Fitnessübung für Kübelpflanzengärtner betrachten. Bei mildem Wetter stellt man die Topfgänger ins Freie. Drohen Nachtfröste, bringt man sie wieder in Sicherheit. Für Oleander und Fuchsien geht das erst in zwei, drei Wochen, für richtig empfindliche Kübelpflanzen nach den Eisheiligen Mitte Mai. Je kühler Topfpflanzen über Winter standen, umso besser halten sie Tag- und Nachtschwankungen aus. An Sonnenlicht müssen sie sich erst wieder an einem schattigen Plätzchen gewöhnen.

Meist ist der Winter auch an den Mediterranen im Außengelände nicht spurlos vorbei gegangen. Aromatische wintergrüne Zwergsträucher wie Salbei, Heiligenkraut, Lavendel, Ysop und Thymian sehen so aus, als ob sie ein bisschen Zuwendung brauchen könnten. Sobald sich frische Triebe zeigen, schneidet man um ein Drittel zurück. Das geht bis ins alte Holz. Nach dem Schnitt gibt's eine Portion Kompost.

Am kompaktesten bleiben die Küchenfreunde, wenn man sie regelmäßig bis August erntet: immer die obersten Spitzen. Das entspricht dem natürlichen Kleinhalten, wie es äsende Tiere am Naturstandort übernehmen. Während die Kräuter bereits genutzt werden, gehen die Erdbeeren erst an den Start. April ist eine gute Zeit, um junge Pflanzen zu setzen. Monatserdbeeren tragen schon im gleichen Jahr. Wenn der Thymian blüht, tragen sie erste Früchte. Manche Sorten passen sogar geschmacklich zusammen, mehr dazu auf der nächsten Seite.

April

16

17

18

19

Buschbohnen vorziehen

20

21

Kübelpflanzen akklimatisieren

22

Wenn es ein Aroma-kraut gibt...

.. das für jeden etwas parat hat, dann ist es der Thymian. Unterschieden werden drei Wuchstypen:

Flache Polster füllen Lücken in Plattenfugen, bilden Duftrasen oder fließende Übergänge in allen Beetsituationen vom Stein- bis zum Kiesgarten.

Als kleine, leicht verholzende Zwergsträucher schmücken die 8–15 Zentimeter hohen Arten die Kräuterecke. Die höchsten Vertreter recken sich an allen vollsonnigen Plätzen in mineralischen Böden als Aromatherapeuten 15–25 Zentimeter in die Höhe.

Alle Thymiane eignen sich für Topf und Kübel. Und alle lassen sich wunderbar miteinander kombinieren.

Ab in den Topf

Im Pflanzgefäß kann man die für Thymian optimalen Wuchsbedingungen nachstellen:

Durchlässige Böden: Eine Drainageschicht garantiert einen guten Wasserabzug.

Mineralisch: Kräuterpflanzenerde mit feinem Kalkschotter oder Sand im Verhältnis 2:1 abmagern.

Volle Sonne: Sonnig stellen und in der Winterzeit unter Dach. Verhindert Schäden durch Winternässe.

Lange Töpfe: In der Natur verankern sich Thymiane mit langen Wurzeln.

Außerdem können die Tiefwurzler so dekorativ über den Rand hängen

Die Sortenwahl

Sie ist im wahren Sinn des Wortes Geschmackssache:

Kümmelthymian *(Thymus herba-barona)* (1) und Zitronenthymian *(Thymus citriodorus)* in der Sorte 'Prostrate' (8) überraschen mit einer fruchtigen Note, die sie auch für Süßspeisen empfiehlt. Steppenthymian *(T. pannonicus)* (2) und Feldthymian 'Tabor' *(T. species)* (3) haben das typisch würzige Aroma mit den gesunden Bitterstoffen. Quendel *(T. serphyllum)* in Rosa (4), Weiß (6) und der Sorte 'Carbon Wine and Roses' (7), sowie 'Kreeping Red' *(T. praecox)* (5) eignen sich zum milden Würzen.

1
2
3
4
5
6
7
8

VEILING ★ FLORA

Do it yourself

Jeder, der es schon mal geschafft hat, ein „Problemlos selbst zu montieren"-Möbel aufzubauen, wird erstaunt sein, wie einfach das mit der Pflanzeinrichtung klappt. Die simpelste Ausführung besteht aus einem Topf. Bei der Kasten-Version stapelt man genormte Plastikkisten von 60 x 40 Zentimeter aufeinander, schlägt die oberste mit Vlies aus und pflanzt in die eingefüllte Erde. Ebenso denkbar sind bunt bemalte Holzkisten, ausgediente Körbe, Reissäcke oder stabile Einkaufstaschen aus Kunststoffgewebe.

Wichtig bei allen Pflanzgefäßen ist das Abzugsloch. Überschüssiges Wasser muss ablaufen können, um Staunässe zu vermeiden. Bei neu gekauften Plastikkübeln und Kästen muss man die perforierten Löcher oft erst rausdrücken.

Bei der Anlage eines Beetes wird es schon etwas komplexer. Hat man sich für Freifläche, eingefassten Bereich oder Hochbeet entschieden, geht's los. Wie in allen Gebrauchsanleitungen üblich, überzeugt man sich zunächst, dass alle benötigten Teile vorhanden sind: Dünger, Pflanzen oder Saattütchen, Gießwasser. Ebenso wie üblich, wird man feststellen, dass das Werkzeug fehlt. Vor dem Pflanzvorgang muss der Boden mit einer Grabegabel gelockert und von Wurzelunkräutern befreit werden. Bei schlechtem Boden viel Kompost einarbeiten, bei normalem eine 5 bis 10 Zentimeter dicke Schicht. Anschließend glatt harken. Danach beginnt die spannende Aufgabe des Pflanzens. Profis legen sich die Pflanzen zunächst auf der Fläche aus. Jetzt kann man das Konzept im Überblick betrachten und hat die Möglichkeit, noch mal leicht umzugruppieren.

April

23

24

25

Radieschen Folgesaaten

26

27

Beerensträucher mulchen

28

29

So wird man zum Beetmacher

Unsere Vorstellung von Beeten ist geprägt von historischen Vorbildern: Klar strukturierte Renaissancegärten stehen Pate bei der Kübelkultur. Barockanlagen, die sich nach den Gesetzen der Geometrie richten, inspirieren zum Teppichbeet. Vom englischen Landschaftspark leiten sich Schwungformen ab, die sich mit biegsamen Stahlbändern einfassen lassen. In Bauerngartenmanier liegen Quadrate mit direktem Bodenanschluss entlang eines Wegekreuzes. Aus den Schrebergärten kommt die Idee, Gemüsereihen aus Rasenflächen auszusparen.

Für eine Horizonterweiterung sorgt das Hochbeet. Auf versiegelten Flächen und Dachgärten stellt es die beste Möglichkeit dar, ertragreich anzubauen. Standardmaße sind 120 bis 150 Zentimeter Breite. Bis 150 Zentimeter Breite kommt man von beiden Seiten problemlos bis zur Mitte. Eine Höhe von 80 bis 100 Zentimeter schont den Rücken.

Pflanzraum

Ein Topf ist die mobilste Lösung. Ton wirkt natürlich und erscheint als organisches Material für Pflanzen wie Isländischen Mohn (1) besonders „artgerecht". Tontöpfe bieten Pflanzenwurzeln ein angenehmes Raumklima. Dazu taucht man Tontöpfe vor der Pflanzung unter Wasser, bis sich die Poren voll gesogen haben und keine Blasen mehr aufsteigen.

Den Vorzügen steht der entscheidende Nachteil des Gewichts gegenüber. Kunststoff ist leicht und meist die günstigere Variante. In „Gärten auf Zeit" wie den Community Gardens in Metropolstädten rund um die Welt wächst Gemüse in allen erdenklichen Kunststoffbehältern und -kisten. Ästhetisch weniger ansprechende Ausführungen kann man einkleiden. So setzt der ausgediente Kaffeesack um den Maurerkübel für die Kartoffel Modetrends (2).

Modern und funktional präsentiert sich das von Cortenstahl eingefasste Beet (3). Die Erde bleibt drinnen, der Kies vom Weg draußen. Der natürlich oxidierende Stahl trägt Rostfarbe. Die purpurbraune Patina ist gewollt. Sie bildet einen warmen Kontrast zu frisch sprießendem Grün.

Noch eine Etage höher geht es mit einem Hochbeet (4). Das am häufigsten verwendete Material für das „Erbse auf dem Prinzessin-Beet" ist Holz. Es gibt leicht zu montierende Bausätze. Wer sein Hochbeet lieber selbst entwirft, sollte daran denken, dass die später eingebrachte Erde nach außen drückt. Stabile Konstruktionen arbeiten mit massiven Brettern um die 3,5 Zentimeter Dicke und sehen alle 1,50 bis 2 Meter Kanthölzer vor. Hochbeete bieten immer einen Tick mehr Pflanzfläche, denn rankende Arten wie Kapuzinerkresse und Hängeerdbeeren, aber auch Kürbis und Zucchini hängen sich liebend gern über den Rand.

Pflanzanleitung am Beispiel Taglilie

Im Pflanzgefäß muss man für Wasserabzug sorgen. Eine Tonscheibe über dem Abzugsloch verhindert, dass Erde ausgespült wird (1). Darüber füllt man je nach Topfgröße eine etwa 1–10 Zentimeter dicke Drainageschicht aus Blähton oder Kies. Um die Pflanzen im Container auszutopfen, nimmt man den Schopf zwischen Zeige- und Mittelfinger (2), dreht den Topf um und stukst den Rand auf, bis die Pflanze herausgleitet (3). Stark verwurzelte Ballen werden mit den Daumen aufgebrochen (4). Das fördert den Pflanzenwuchs. Die Wurzeln bekommen besseren Bodenschluss. Stauden, wie die abgebildete Taglilie, mit dem ganzen Ballen in die Erde setzen (5). Als Leitlinie gilt: Nicht tiefer, als sie vorher im Topf gestanden haben. Mit den Fingerspitzen drückt man einen Gießrand und wässert gleich nach dem Pflanzen (6). Das schlämmt die Erde zwischen die Wurzeln. Bei Frühjahrspflanzung blühen die meisten Stauden schon im gleichen Jahr.

Die K. und K. Monarchie

Manchmal macht der Anbau von Kulturpflanzen doppelt so viel Spaß, wenn man dem Kind einen Namen gibt. Wo Kartoffel und Kümmel eine kulinarische Liaison eingehen, spricht man plötzlich von der K. und K. Monarchie. Geschichtsbücher verzeichnen darunter die kaiserlich-königliche Verbindung Österreich-Ungarns. Im Pflanzenreich stehen Kartoffel und Kümmel für eine Erfolgsgeschichte, die die Lebensweise der Menschen nachhaltig geprägt hat. Kümmel kennt man seit der Stein- und Bronzezeit. Die ursprünglich in Süd- und Mittelamerika beheimatete Kartoffel wurde seit ihrer Einfuhr im 16. Jahrhundert von Königshaus zu Fürstenhof weitergereicht. Zunächst als Zierpflanzenrarität, später als Allheilmittel gegen Hungersnöte.

Zwei Monarchen sollen sich um ihre Verbreitung besonders verdient gemacht haben: Österreichs Regentin Maria Theresia und der Preußenkönig Friedrich der Große. Dem Alten Fritz kann man nur zustimmen, dass Kartoffeln einen fantastischen Ertrag liefern. Aus einer einzigen Setzkartoffel erntet man 10 bis 20 Knollen. Man muss damit nicht einmal ins Feld ziehen. Im Kübel geht das sogar auf dem Balkon. Der Kriegsherr ließ seinerzeit Sumpfland entwässern und triumphierte, er habe ganz friedlich neue Provinzen erobert. Allein die Kartoffelanbauer ließen auf sich warten. Die Gründe: An die hiesigen klimatischen Verhältnisse schlecht angepasste Sorten mit hohem Gehalt des giftigen Solanin, das Kratzen und Brennen im Hals erzeugt und mangelhafte landwirtschaftliche Strukturen. Da half dem Strategen nur ultimative Überzeugungsarbeit: Er ließ seine privat bestellten Kartoffeläcker tagsüber von Soldaten bewachen, die er nachts abzog. Das offensichtlich kostbare Gut wurde entwendet und angebaut. Möglicherweise ist dies nur eine nette Anekdote.

April

30

1

Mai

2

Tulpen und Narzissen nach der Blüte düngen

3

4

Frühblühende Sträucher nach der Blüte auslichten

5

6

1

Tolle Knollen am Start

Je nach Region werden Kartoffeln von April bis Mai gesetzt. In Franken gibt es eine Bauernregel, die besagt: „Setzt mi im April, kumm I wann I will. Setzt mi im Mai, kumm I glei.“ Anders ausgedrückt: Kartoffeln bringt man lieber etwas später als zu früh in den Boden. Die Erde sollte sich bereits auf mindestens neun Grad erwärmt haben. Vor allem mit vorgetriebenen Kartoffeln braucht man keine Eile zu haben. Vorkeimen ist die beste vorbeugende Maßnahme gegen die gefürchtete Krautfäule. Das ist eine Pilzkrankheit, die das Kraut absterben lässt. Im Keller gekeimte Exemplare oder wohlmöglich vergessene Lagerreste eignen sich nicht als Pflanzgut.

Mit dem Vorkeimen beginnt man vier bis sechs Wochen vor dem Setzen. Der beste Ort ist im Eierkarton, in kühlen, hellen, aber nicht sonnigen Räumen. Bei 15° Celsius am Schlafzimmerfenster dauert das Vorkeimen etwa vier Wochen. Halb so warm, vor dem Kellerfenster, rechnet man sechs Wochen.

Kümmel und Kartoffel

Kümmel schätzt man als appetitanregendes und die Verdauung förderndes Küchengewürz. Er ist ein idealer Partner in der Mischkultur. Ausgesät wird in den nächsten 4–5 Wochen an Ort und Stelle, im Abstand von 30 Zentimeter. Im ersten Jahr bildet Kümmel eine Blattrosette. Im zweiten Sommer kommt er zum Blühen. Wer nicht so lange warten will, kauft vorgezogene Topfpflanzen (2). Das filigrane Laub macht sich gut zwischen anderen Kübelpflanzen. Die hübschen Doldenblüten erscheinen noch im gleichen Jahr. Die Samenernte beginnt, sobald die Fruchtstände braun werden: Pflanze komplett abschneiden und an einem luftigem Ort zum Ausreifen aufhängen. Teefilter oder Stoffsäckchen überstreifen, um die ausfallenden Samen aufzufangen. Kümmel hebt den Wohlgeschmack bei Kartoffeln.

Der richtige Zeitpunkt zum Kartoffelsetzen ist gekommen, wenn der Flieder blüht (3). Kartoffeln, die so violett sein können wie der beliebte Blütenstrauch, werden gerade wiederentdeckt. In Schottland schätzte man Sorten wie 'Salad Blue' schon vor 1900. Das blaue Fleisch der mittelfrühen Sorte eignet sich für „bunte Kartoffelsalate“. Neben Farbe und Lagerfähigkeit unterscheiden sich Kartoffeln in ihrer Konsistenz. 'Salad Blue' ist festkochend. Die rotschalige „Schottin“ von 1912 'Arran Victory' gehört zu den mehligen Kartoffeln, die sich für Püree eignen (4). Am besten setzt man vorgekeimte Kartoffeln (1).

Setzen:

Aus eins mach' ein Dutzend und mehr: Um eigene Kartoffeln anzubauen, braucht man keinen Acker. Es reicht ein 10–15-Liter-Gefäß pro Setzkartoffel. Denkbar sind Maurerkübel, Töpfe und Pflanztaschen – immer mit Abzugslöchern – oder gleich ein Kartoffelerntekorb. Der Drahtkorb wird mehrlagig mit Zeitungspapier ausgekleidet (1). Für überschüssiges Wasser ist die Wand so durchlässig, ohne dass die Erde weggeschlämmt wird.

Auf den Boden füllt man eine 3–5 Zentimeter dicke Drainageschicht aus Kies oder Blähton (2). Wer ein Netz darüberlegt, kann das Drainmaterial bei der nächsten Pflanzaktion wieder verwenden. Andernfalls mischt es sich mit der Erde, die nun etwa 20 Zentimeter dick darübergefüllt wird. Als Startdüngung gibt man etwas Hornspäne hinein. Um Krankheiten vorzubeugen, sollte man nur gesunde, unbeschädigte, gut vorgekeimte Setzkartoffeln verwenden. Die Setzkartoffel mit den Keimen nach oben legen (3). Anschließend knapp mit Erde bedecken. Die Keimlinge dürfen nicht rausschauen. Zum Schluss mit der Brause angießen (4).

Nach zwei bis drei Wochen wachsen die ersten Blätter aus der Erde (5). Sobald sie 5–10 Zentimeter hoch aufragen, beginnt man mit dem Anhäufeln. Das Auffüllen mit Erde rund um die Triebe wiederholt man, bis der Topf randvoll ist (6). Das regt das Wurzelwachstum an und steigert die Erträge.

Pflege:

Gleichmäßige Feuchtigkeit ist das A und O. Vor allem während des Knollenansatzes, zwei Wochen nach dem Krautaustrieb, sollte man ausreichend gießen. Vorsicht: Nicht über Kopf, das fördert die Krautfäule.

Regelmäßig Unkraut entfernen.

Manche Sorten haben eine hübsche Blüte. Die Blätter werden regelmäßig auf Schädlinge überprüft.

Ernte:

Geerntet wird je nach Sorte ab Juni bis in den Herbst. Am besten holt man sich die tolle Knolle nach Bedarf frisch aus der Erde. Sollten am Ende der Saison tatsächlich noch Kartoffeln zum Lagern übrig sein, braucht man einen 4–6 °C kühlen und dunklen Raum.

Die Kartoffel im Jahreslauf

Eigene Kartoffeln sind Gold wert. Man weiß, wie sie gezogen wurden, und kann die unterschiedlichsten Sorten ausprobieren. Das Erfolgserlebnis ist garantiert. Alles was man braucht, ist ein sonniger Platz und normalen Gartenboden oder Qualitäts-Pflanzerde.

Willkommen auf Balkonien und den Terrasseninseln

Hat man sich lange genug darüber gefreut, ein freier Gartentisch-Aufsteller des 21. Jahrhunderts zu sein und nicht der königliche Stuhlträger anno 1560, ist die Saison plein-air feierlich eröffnet. Katharina von Medici (1519–1589), Gemahlin des französischen Herrschers Heinrich II. und Regentin mit Sinn für gärtnerischen Luxus, wies ihre Diener nach Lust und Laune an, Möbel aus dem Louvre für ein Dinner in die Tuilerien-Gärten und wieder zurück zu schaffen. Das Leben im Freien ist eben ein anderes als das im häuslichen Umfeld. Das Licht spielt auf den unterschiedlichen Oberflächen eines Baumstamms und tanzt auf seidigen Blütenblättern. Es bricht sich in einem Tautropfen und streift als sanftes Abendrot über die Terrasse. Die Luft ist erfüllt von Geräuschen, die Schallschutzfenster und gedämmte Wände draußen halten. Wer es geschickt gemacht hat, lässt sich das Parfüm wohlriechender Pflanzen mit einem raschelnden Windhauch zuwehen.

Der Sitzplatz auf Terrasse und Balkon passt sich den Bedürfnissen seiner „Besitzer“ an. Ein Beispiel: Am Wochentag hält man's mit Goethes Schaffensdrang in seinem Gartenhaus: „In meiner Garteneinsamkeit fahr ich recht eifrig in meiner Arbeit fort.“ Zum Wochenende kommt der Caspar-David-Friedrich-Typ zum Zug: Der Wanderer lässt den Blick in die Ferne schweifen. Das ist in den Felsfluchten urbaner Räume nicht jedem vergönnt. Trotzdem wird man versuchen, das Gartenmobiliar möglichst aussichtsreich anzuordnen. Es wäre absurd, eine Bank ohne Blickpunkt aufzustellen. Wer nähme schon Platz auf einer Samuel-Beckett-Bank: Sitzen und warten, nicht wissend worauf. Das menschliche Auge ist stets auf der Suche nach Motiven.

Mai

7

8

9

Sommerblumen säen

10

11

Kohlgemüse und Mangold pflanzen

12

13

Der schönste Sitzplatz

In der Stadt herrscht quirlige Betriebsamkeit. Da kommt der garteneigene Sitzplatz als Ort der Entschleunigung daher. Zwei Stühle, ein Tisch, das reicht oft schon, um sich von dem pulsierenden Leben mal eine Verschnaufpause zu gönnen. Aus der Warte des Betrachtenden bieten sich Perspektiven, die dem Vorbeieilenden entgehen.

Wie und wo man seinen persönlichen Rastplatz gestaltet, bestimmen Geschmack und Zweck. Im Grunde genommen kann man alle Tätigkeiten, die man drinnen an Tisch und Stuhl verrichten würde, nach draußen verlagern. Wie im Haus gilt unter freiem Himmel: Komfortabel ist ein Sitzplatz, wenn die Proportionen zwischen Möbelgröße und zur Verfügung stehendem Platz stimmen. Für einen Stuhl rechnet man eine Stellfläche von 50 x 65 Zentimeter plus 20 bis 30 Zentimeter Bewegungsfreiheit nach hinten fürs Wegschieben.

Häuslich einrichten, aber draußen

Flechtmöbel aus wetterfestem Kunststoff setzen auf Bequemlichkeit (1). Das Daybed ist Rückzugsort im wohnlich überdachten Außenraum (2). Ersetzt der Sitzplatz Bistro mit Kunstausstellung, bieten sich Klappstühle und Bistrotisch an (3). Die Tisch-Dekoration ändert sich je nach Jahreszeit. Will man die Gunst der Stunde nutzen, reicht ein Sitzkissen auf den Treppenstufen. Der leichte Korbtisch wandert mit (4). Textilien werten Sitzmöbel auf. Ein Kissen wirkt einladend. Der Stuhl mit Mut zur Farbe wird zum Blickfang (5). Ist das Mobiliar wie der aus Recyclingmaterial zusammengelötete Stuhl nachhaltig produziert, nimmt man guten Gewissens Platz.

Zeit für Sommerflor

Sommerblumen sind wie die Einladung zu einem Blüten-Cocktail. Die Zusammenstellung ist Geschmackssache. Man kann Hängepetunien *(Calibrachoa)* in Sirupfarben mit Elfenspiegel *(Nemesia)* mixen, der so orange leuchtet wie frisch gepresster O-Saft, und auf Zauberschnee Diamond Frost *(Euphorbia)* servieren. Andere schätzen ein einziges Wandelröschen *(Lantana)*, dessen Farbenspiel wie die aufeinandergesetzten Zutaten eines Longdrinks anmuten. Der nächste ordert einen cremigen Shake und bekommt Geranien *(Pelargonium)* und Elfensporn *(Diascia)* in Rosarot, die sich mit sahnefarbener Schneeflockenblume *(Sutera)* verbinden. All diese Kombinationen stehen stellvertretend für die Kunst, eine Sommerblumenbepflanzung zusammenzustellen, die Terrasse und Balkon eine Saison lang in die angesagteste Blütenbar verwandelt.

Mischt man mehrere Arten miteinander, sollten sie ähnlich wuchsstark sein. Sticht der starkwüchsige Goldzweizahn *(Bidens)* auf Kosten der schwachwüchsigen Lobelie *(Lobelia)* hervor, stimmt das Mischungsverhältnis nicht. Die konkurrenzstärkere Art wird die schwächere verdrängen. Ebenso wichtig ist der Aufbau. Üblicherweise setzt man die hohen Arten in die Mitte. Überhängende rücken nach vorne und zu den Seiten. Garnierung mit Blattschmuck peppt Sommerblumenarrangements auf. Das In-Getränk mit dem Männervornamen Hugo wird schließlich auch mit gedrehter Limettenschale kredenzt. Den gleichen Effekt erzielt das Blattwerk von limonengrüner Süßkartoffel *(Ipomoea)* oder Pfennigkraut *(Lysimachia nummularia)*. Die Kühle von crushed ice strahlen silberlaubige Blattschmuckpflanzen aus.

Mai

14

15

16

17

Rosen mit Langzeitdünger düngen

18

19

Dahlien setzen

20

1

Blütenmarathon

Ein bisschen James Tweedie steckt in jedem. 1831 sorgte der Gärtner und Kaufmann dafür, dass die aus dem südlichen Brasilien und Argentinien stammende Petunie in den Blumenkästen seiner Heimat landete. Sie muss ihm in all der Vielfalt der argentinischen Flora besonders gut gefallen haben. Heute sind die Gartenmärkte voll von exotischen Arten, die den ganzen Sommer über blühen. Wie also geht ein Pflanzenentdecker des 21. Jahrhunderts vor? Entscheidend ist der Standort. Für sonnige Plätze schaut man sich unter den Arten für volle Sonne um. Setzt man sie in den Schatten, lässt die Blüte nach. Hat man schattige Lagen zu besetzen, kommen nur schattenverträgliche Arten in Frage.

2

3

Ab aufs Siegertreppchen

Der Aufbau entscheidet im Topf und am Standort über die Wirkung des Sommerflors. Auf einer Treppe kann man die Kübel stufenweise anordnen (1). Die Höhenstaffelung im Topf richtet sich danach, ob man die Mischung aus der Draufsicht betrachtet oder davor sitzt. Höhe gewinnt man durch aufrechte Arten und Rankhilfen. Eine knorrige Weinbergswurzel gibt dem einjährigen Rosenkelch *(Rhodochiton atrosanguineus)* Kletterhilfe. Aus der Vogelperspektive wirkt ein kompaktes Ensemble auf einer Höhe harmonisch. Da Sommerflor nur über eine Saison im Gefäß bleibt, dürfen weiß blühender Zauberschnee, Elfenspiegel und Hängepetunie dicht nebeneinander stehen (2). Einen Soloauftritt bekommen Petunien mit zweifarbigen Blüten und alle anderen Hingucker (3).

KANAL-GUSS
Berliner
Wasserbetriebe

Wasser ist Leben

Das gilt für Pflanzen in besonderem Maße. In der Anwachsphase ist durchdringendes Wässern lebensnotwendig. Einmal ballentrocken gewordene Gewächse erholen sich selten von dem Trockeninfarkt. Erste Hilfe leistet man bei Austrocknungsgefahr mit Tauchen. Vor jedem Pflanzen ist das „unter Wasser halten" in einem Eimer sogar Pflicht. Die Pflanzen werden mit dem Topf solange untergetaucht, bis keine Blasen mehr aufsteigen. Ob die Erde feucht genug ist, prüft man mit dem Finger. In Hitzeperioden kann es vorkommen, dass Kübel und Kästen mehrmals täglich gegossen werden müssen. Ein 80 Zentimeter langer Blumenkasten braucht an einem heißen Sommertag mindestens 2,5 Liter Wasser. Man kann sich von Wasserreservoirs unterstützen lassen oder installiert gleich ein bedarfsgesteuertes Bewässerungssystem.

Richtig gießen

Frisches, kühles Quellwasser wäre der Traum (1). Nicht so für Pflanzen: Sie lieben es wohl temperiert. An einem heißen Tag kann eiskaltes Nass aus dem Wasserhahn ein Schock sein. Besser lässt man die Gießkanne über Nacht stehen. Gießen am Morgen ist zudem effektiver als ein Durchgang am Abend.

Wasser soll dorthin gelangen, wo es gebraucht wird – an die Wurzeln. Deshalb gießt man am Wurzelhals (2). Das gilt vor allem für durstige Gewächse wie Hortensien. Die meisten Pflanzen bevorzugen Regenwasser. Für Zitronengewächse (3) darf es kalkhaltig sein. Als Luftbefeuchter sorgt ein Quellstein für eine angenehme Atmosphäre im Garten (4).

Italienische Flagge zeigen

Si! Auch in gärtnerischer Hinsicht gibt es viele Arten, auf Italienisch „ja“ zu sagen. Ja zum Lebensgefühl. Ja zur Pizza.

Die Tomaten für den Belag werden jetzt in Töpfe gesetzt. Sie lieben es so warm, wie es in Bella Italia ist. Am besten stellt man sie unter Dach, um sie vor Regen zu schützen. Das verhindert gefürchtete Krankheiten und steigert den Ertrag.

Hält man es mit weiteren Zutaten wie der berühmteste Pizzabäcker Italiens Raffaele Esposito, muss man Basilikum anbauen (siehe auch 30. Juli – 5. August). 1889 belegte der Neapolitaner die von Königin Margherita bestellte Pizza in den Nationalfarben Basilikumgrün, Mozzarellaweiß und Tomatenrot. Besinnt man sich auf die Ursprünge, wird der mit Olivenöl beträufelte Hefefladen neben Tomatenscheiben und Basilikum mit Oregano garniert.

Vom Oregano (Betonung auf dem e) kommen für Pizza-Spezialisten nur zwei in Frage: der Griechische Oregano und die pfeffrig-scharfe Sorte ‘Hot&Spicy’.

Hat man alle Pflanzen beisammen, hebt man wie Esposito alle wichtigen Dokumente auf: Raffaele galt als Erfinder der Pizza, weil er unter den vielen königlichen Pizzabäckern der einzige war, der die Lieferung mittels Empfangsbestätigung beweisen konnte. Als Stadtgärtner lässt man die Schilder aller Tomatensorten und Pizzakräuter stecken. So kann man sich immer wieder ihrer Namen, Höhe, Blütezeit, Standortansprüche und Verwendung vergewissern.

Mai

21

22

23

Bohnen bis Ende Juni legen

24

25

Gemüse feucht halten

26

27

1
2
3
4
5
5

Outdoor-Cooking

Wen zieht es mit dem schönen Wetter nicht an die frische Luft?! Am liebsten samt Teller, Becher und Besteck. Draußen zu Essen, hat immer etwas von Urlaubsstimmung. Findige Designer reagierten auf das Bedürfnis nach südländischer Lebensart mit Außenküchen. Oder hatten sie es, wie unsereiner, einfach nur satt, Speisen in aufwendigen Rein- und Rausschleppaktionen vom Ort ihrer Zubereitung auf Terrasse und Balkon zu manövrieren? Je nach Platz, Anspruch und Portemonnaie lässt sich Outdoor-Cooking von der Kochnische bis zur komfortablen Küchenzeile realisieren. Für Pizzabäcker wird ein gemauerter Backofen zur zentralen Garten-Piazza. Die Kräuter für Fladen und Pizzabrote kommen aus eigener Topfkultur.

Die besten Pizzakräuter

(1) Rosmarin 'Upright Blue' *(Rosmarinus officinalis)*, blaue Blüten, IV–VI, 50 Zentimeter
Tipp: frisch zerkleinern oder ganze Zweige zum Trocknen aufheben und erst bei Bedarf mörsern
(2) Pizzaoregano 'Hot&Spicy' *(Origanum-*Hybride*)*, rosa Blüten, VII–IX, 25–40 Zentimeter
Besonderheit: wächst auch in halbschattigen Lagen
(3) Pizzathymian 'Tabor' *(Thymus pulegoides)*, purpurviolett blühend, VI–VIII, 30 Zentimeter
Plus: sehr gesund und robust
(4) Küchensalbei 'Berggarten' *(Salvia officinalis)*, wenig Blüten in Lila, VII–VIII, 40 Zentimeter
Extra: reicher Ertrag und gut winterhart
(5) Griechischer Oregano *(Origanum vulgare* ssp. *hirtum)*, weißblühend, VII–IX, 25–40 Zentimeter
Gut zu wissen: am aromatischsten sind die verwelkenden Blüten

Pizza al gusto

(4 Personen)

Für den Teig:
500 g Weizenmehl Typ 550 (am besten griffiges Pizzamehl)
½ TL Salz
1 Prise Zucker
1 Päckchen Trockenhefe
3 EL Olivenöl
230–250 ml lauwarmes Wasser

Den Hefewürfel im lauwarmen Wasser mit einer Prise Zucker auflösen. Zum Mehl geben, Öl hineinträufeln und durchkneten. Erst nach dem ersten Durchkneten das Salz zufügen. Weitere 10–15 Minuten zu einem geschmeidigen Teig verkneten. Mit einem Tuch bedecken und den Teig langsam gehen lassen (relativ kühl am besten über mehrere Stunden, oder am Vorabend zubereitet), bis sich das Volumen verdoppelt hat. Den Teig nochmals gut durchkneten und zu einem Fladen ausrollen (1). Bei der traditionellen Pizza Margherita wird der Teig 10 Minuten bei 200 °C vorgebacken, dann mit einer Sauce aus durchpassierten Tomaten, Oregano und Salz bestrichen (2), mit gewürfeltem Mozzarella und Cocktailtomaten in Scheiben belegt und weitere 5–10 Minuten gebacken. Man kann die einzelnen Fladen auch nach Geschmack beispielsweise mit Kräuterquark bestreichen und beliebig mit Gemüse, Wurst, Käse und anderen Delikatessen belegen (3). In den Ofen schieben und knusprig backen (4). Nach Belieben die fertigen Pizzafladen mit frischen Kräutern würzen. Auf die Margherita gehört eine Basilikumspitze.

1

Standort:

Tomaten bevorzugen einen luftigen, sonnigen, am besten überdachten Standort. Das macht sie zu idealen Gewächsen für die Kübelkultur (1). Ruft man sich ihre Herkunft als Sonnenkind der Tropen und Subtropen des nördlichen Südamerikas ins Gedächtnis, wird man ihren Ansprüchen am ehesten gerecht. Wo das hiesige Klima nicht mitspielt, hilft man mit einer Haube nach (2). Je nach Bedarf wird sie in kühlen Nächten herunter- und tagsüber hochgezogen. Die meisten Tomaten brauchen eine Stütze (3). Wildtomaten suchen sich ihren Weg selbst (4).

2

3

4

Der Tomatenfahrplan

Pflanzen und Pflegen:

Gepflanzt wird ab Mitte Mai, sobald keine starken Fröste mehr zu erwarten sind. Die Pflänzchen setzt man möglichst tief. So bilden sie ein verzweigtes Wurzelgeflecht und können ihren großen Durst besser stillen. Trick: Senkt man den Topf vom Austopfen schräg neben der Wurzel in die Erde ein, kann man Wasser über den Stutzen dort einfüllen, wo es hin soll. Denn an heißen Tagen kann es passieren, dass man eine ganze Gießkanne in einen Tomatenkübel schütten muss. Tomaten sind aber nicht nur sehr durstig, sondern auch wahre Fresser. Ein Mal pro Woche werden sie deshalb nach Angabe auf der Flasche mit organischem Flüssigdünger im Gießwasser gedüngt.

Wer Spritzwasser vermeidet – durch besagten Wassereinfallstutzen oder eine Mulchschicht –, hat bereits eine wesentliche Infektionsquelle für die gefürchteten Blattkrankheiten der Kraut- und Braunfäule ausgeschaltet. Weitere Vorsorgemaßnahme: Nicht neben Kartoffeln anbauen.

Die Haupttriebe befestigt man an einem Stab oder dem Balkongeländer.

Für Bequeme sind Cocktailtomaten die richtige Wahl. Sie müssen nicht ausgegeizt werden. So nennt man das Abknipsen der Seitentriebe in den Blattachseln mit leichtem Daumendruck (5). Großfrüchtige Tomaten dagegen muss man ab jetzt regelmäßig ausgeizen. Tomaten sind Selbstbefruchter. Weht kein Wind, rüttelt man selber an den blühenden Büschen, solange sie Blüten tragen. Das unterstützt den Pollenflug.

Ernte:

Die Erntezeit beginnt im Freiland meist im August und zieht sich bis in den Oktober (6). Ab Mitte August, wenn die Purpursonnenhüte mit Sortennamen wie 'Tomato Soup' in voller Blüte stehen (7), kann man die Blätter der Tomaten einkürzen. Dann soll alle Kraft ins Fruchten gehen. In drei Monaten will man den Bulgursalat mit eigenen Tomaten anrichten (8).

Kletterpflanzen auf die Tanzfläche

Rankpflanzen wollen hoch hinaus. Viele sind schon weit gekommen. Einige haben dabei ihre ganz eigene Richtung. Hopfen dreht sich im Uhrzeigersinn. Leitet man ihn falsch herum, wächst er nicht vorwärts. Man kann sich das wie beim Tanz vorstellen. Glyzinien beherrschen je nach Art die Rechts- und Linksdrehung des Walzers: Der rechtwindende Japanische Blauregen (*Wisteria floribunda*) vollführt den „Natural Turn“. Chinesischer Blauregen (*Wisteria sinensis*) schwingt sich im „Reverse Turn“ nach links. Dabei brauchen alle Glyzinien eine starke Führung in Form stabiler Rankhilfen.

Beherrschbar leichtfüßig kommen Clematis daher. Ohne großes Zutun machen sie an Kletterhilfen oder im Geäst von Gehölzen ihren Weg nach oben. Gerne kombiniert man sie mit Kletterrosen. Tango mit Rose? Denkt man an den Fußbereich, geht das gar nicht. Enges Kreuzen der Wurzeln sollte man vermeiden. Besser pflanzt man sie mit etwas Abstand voneinander oder am Rosenbogen eine links, eine rechts. Oben dürfen sie sich wieder in den Armen liegen. Um diese Zeit entwickeln sich die ersten Blüten-Voleos. Beim Tango werden mit den Haken schwungvolle Richtungsänderungen vollzogen.

Bei den Kletterpflanzen sollte man ungestüme Luftranken derzeit lenken und wenn nötig anbinden. Im kreisförmigen Salsa-Schritt leitet man die aufwachsenden Stangenbohnen um die Kletterhilfe. Anfangs geht die Basisdrehung entgegen dem Uhrzeigersinn. Beliebig dürfen die Kürbisse vor und zurück „bouncen“. Sie sind die Samba-Tänzer unter den Rankgewächsen.

Mai

28

29

30

Paprika, Pepperoni, Chili pflanzen

31

1

Juni

Stabtomaten regelmäßig ausgeizen

2

3

Aufsteiger

Es sind wohl die hohen Erwartungen, die zur Entscheidung für Kletterpflanzen führen. Clematis, Kletterrosen und Jelängerjelieber blühen zu einer Zeit, da man sich am häufigsten draußen aufhält. Jelängerjelieber *(Lonicera heckrottii)* beginnt zum Abend hin immer intensiver zu duften. Das freut Feierabendgärtner. Bei den Rosen bewähren sich öfter blühende robuste Sorten. Clematis-Einsteiger probieren es mit den unkomplizierten Sorten der Italienischen Waldrebe *(Clematis viticella)* und ihren Abkömmlingen. Man erkennt sie an der wie ein Storchschnabel schräg nach unten gerichteten Knospenstellung.

Für Sonnenlagen

Die blütenstärksten Kletterer wachsen in voller Sonne. Jelängerjelieber (1) bevorzugt halbschattige West- und Ostwände sowie lichten Schatten. Kletterrosen streben dem Licht über einen Torbogen (2) entgegen. Für Clematis wie Italienische Waldrebe 'Etoile Violette' *(Clematis viticella)* (3) lautet die Parole: Mit dem Kopf in der Sonne, am Fuß beschattet. Hier decken Steine und Stauden den Wurzelbereich ab. Die Trauben einer Weinrebe (3) werden umso süßer, je sonniger das Rankgewächs steht.

Strawberry Fields

Die Erdbeeren reifen. Jeder Genießer wird den Wohlgeschmack an Fruchtzucker, Aromastoffen und Fruchtsäure zelebrieren. Die Gesundheitsapostel jubeln über das viele Vitamin C und die Mineralien. Der letzte Hinterbänkler im Biologieunterricht erinnert sich beim Knacken der kleinen Kerne rund um das Fruchtfleisch daran, dass es sich um eine Scheinfrucht handelt.

Aber wer käme auf die Idee, an bretonische und holländische Bauern zu denken? Dabei gehen unsere ertragreichen Gartenerdbeeren auf sie zurück. Genau genommen sind sie ihrer Faulheit zu verdanken. Seit der Siedlerzeit kannte man die aus Nordamerika stammende Scharlacherdbeere *(Fragaria virginiana)* – dreimal so groß wie die in Europa bekannten Walderdbeeren *(F. vesca)* – und die noch großfruchtigere Chile-Erdbeere *(F. chiloensis)*. Letztere bildete männliche und weibliche Pflanzen, die man mischen musste, um reichen Ertrag zu ernten. Den Bauern war die Quotenregelung im Beet zu aufwendig. Entgegen der Lehrmeinung reihten sie Scharlach- und Chile-Erdbeeren aneinander. Es entstanden Kreuzungen. Die heutige Gartenerdbeere *(F. x ananassa)* war geboren. Noch immer ist es so, dass Erdbeeren umso reichhaltiger tragen, je mehr Pflanzen und Sorten man hat.

Entscheidend für den Erfolg mit Erdbeeren ist die Verjüngung. Nach spätestens drei Jahren braucht man neue Pflanzen und frisches Land. Dem „intelligenten Faulen" hilft nur Bauernschläue: Man kehrt zurück zu Walderdbeere *(F. vesca)* und den aus ihr hervorgegangenen Monatserdbeeren *(F. vescana* var. *semperflorens)*. Sie wachsen in jeder Weg- und Mauerritze und tragen ohne Pflegeaufwand von Juni bis in den Herbst.

Juni

4

5

6

7

8

Wärmebedürftige Pflanzen mit Vlies schützen (Schafskälte 8. – 15. Juni)

9

10

Frühkartoffelernte beginnt

Joghurtmousse mit Erdbeeren

Vanilleschote der Länge nach aufschneiden und das Mark herauskratzen. Gelatine in kaltem Wasser einweichen. Joghurt, Crème fraîche, 75 g Puderzucker, Vanillemark und Zitronensaft glatt verrühren. Gelatine gut ausdrücken. Mit dem Orangenlikör bei milder Hitze auflösen und unter die Joghurtmasse rühren. Es sollte sich eine homogene Masse bilden.
Sahne und Eiweiß getrennt steif schlagen. Zuerst die Sahne, dann den Eischnee mit einem Spatel untermischen. Die Joghurtmousse in Portionsgläser füllen und mindestens sechs Stunden kalt stellen.
250 g Erdbeeren putzen und waschen. Mit 50 g Puderzucker mit dem Schneidstab des Handrührers fein pürieren. Püree kalt stellen. Restliche Erdbeeren würfeln. Baiser in Stücke brechen. Zum Servieren Püree auf die Joghurtmousse gießen. Erdbeerwürfel und Baiserstückchen dazugeben und mit Minzezweig garnieren.

1 Vanilleschote
4 Blatt weiße Gelatine
2 Becher Magermilchjoghurt (à 150 g)
75 g Crème fraîche
75 g Puderzucker
4 EL Zitronensaft
4 EL Grand Marnier (Orangenlikör)
150 ml Schlagsahne
2 Eiweiß
500 g Erdbeeren
50 g Puderzucker
100 g Baiser
Pfefferminzzweig zum Garnieren

Erdbeer-Miniwindbeutel

Wasser mit der Butter, einer Prise Salz und dem Zucker aufkochen. Mehl und Backpulver auf einmal dazuschütten. Mit einem Holzlöffel rühren, bis sich am Topfboden ein weißer Belag bildet. Den Topf vom Herd nehmen, zügig ein Ei einrühren. Den Teig leicht abkühlen lassen und das zweite Ei und das Eiweiß einrühren. Der Teig muss glatt und glänzend sein. Abkühlen lassen.
Den Backofen auf 210 °C (Ober- und Unterhitze) vorheizen.
Mit der Spitztülle auf ein mit Backpapier ausgelegtes Blech 12–20 Häufchen (je nach Größe) spritzen. Dann im Ofen 28 Minuten backen. Die Windbeutel sofort herausnehmen und mit einer Schere durchschneiden, damit der Dampf entweichen kann. Abkühlen lassen.
Sahne mit Sahnesteif, Vanille und Vanillezucker steif schlagen. Erdbeeren in kleine Stücke schneiden und unter die Sahne heben. Mit einem Spritzbeutel in die Windbeutel füllen. Diese mit etwas Puderzucker bestäuben.

Für den Brandteig
70 g Butter
Salz
1 EL Zucker
110 g Mehl
1 MSP Backpulver
2 Eier
1 Eiweiß
1/8 l Wasser

Für die Füllung:
250 g Sahne
Mark einer Vanilleschote
Vanillezucker
1 Tüte Sahnesteif
Erdbeeren oder Obst nach Wahl

In Lavendellaune

Man nehme einen voll erblühten Lavendelbusch, schließe die Augen und inhaliere den Duft der Provence. Vor dem inneren Auge erscheint eine Landschaft, über der die Sonne lacht. Oben leuchtet der Himmel blau. Unten streichelt der Wind über lavendelfarbene Felder, die ihre Kraft aus dem Kalkgestein im Untergrund ziehen. Voilà – die drei entscheidenden Bedingungen für optimales Lavendelwachstum.

Das mit dem mageren, kalkhaltigen Boden lässt sich einrichten. Neben dem untergemischten Kalkschotter, -splitt oder -sand harkt man jedes Jahr im Herbst Magnesiumkalk unter. Einen vollsonnigen Standort hat man sowieso gewählt. Fehlt noch der Trick, die Sonnenstrahlen mit einer Mulchschicht aus Muscheln, weißem Sand oder hellem Kalkgestein vom Boden weg auf die Aromasträucher zu reflektieren. Das steigert die Wärme und Blütenzahl. Wind spielt man bei jedem Vorbeistreifen gerne selber.

Ein süß-aromatisches Parfüm mit einer Kampfernote verströmt der Schopflavendel *(Lavandula stoechas)*. Oben ragen ihm lustige Scheinblüten wie Öhrchen aus dem Blütenschopf. Den typischen Lavendelduft verströmen die Sorten des Wilden Lavendel *(Lavandula angustifolia)* und die etwa zwei Wochen später blühenden Lavandin-Typen *(L. x intermedia)* mit besonders langen Blütenstielen. Im Abblühen wird der Duft immer süßer. In dieser Phase sind Lavendelblüten ideal für Süßspeisen. Für Duftsträußchen dagegen schneidet man die Blütenstiele, sobald sich die untersten Blüten öffnen. Zu spät gesammelte Triebe werfen ihre Blüten ab. Und wer will sich schon fragen lassen, „wieso hängen in deinem Kleiderschrank vertrocknete Stiele“, während sich die Einzelblüten zwischen Tops und T-Shirts verkrümelt haben.

Juni

11

12

13

14

Melisse für Tee ernten

15

16

Remontierende Stauden zurückschneiden

17

Wie das Kugelhochstamm-Bäumchen aus Buchs ist Lavendel wintergrün (1). Das macht ihn zum Strukturbildner, den man gerne zu Rosen pflanzt. Er soll ihnen die Blattläuse vom Leib halten. In erster Linie sehen sie jedoch hübsch zusammen aus. Eine provenzalische Note verleiht man Pfirsichgelee durch den Zusatz von Lavendelblüten (2).

Lavendel-Wellness

Die Sehnsuchtspflanze aus dem Süden füllt Kissen, parfümiert Badesalz und mischt mit anderen mediterranen Würzkräutern die „Herbes de Provence". Wächst Lavendel erst

einmal im Garten, entdeckt man weitere Talente. Über die Büsche kann man seine Wäsche legen. In der Sonne nehmen die Fasern das Parfüm auf. Am besten klappt das, wenn der Lavendel kompakt gehalten wird. In Frankreich kürzt man frisch erblühte Sträucher bis zu einem Drittel ins Laub hinein. Aber wer will sich um das blaue Wunder von Bienen umschwirrter Rispen bringen?! Spätestens Mitte August muss man zurückschneiden. Der Neuaustrieb soll bis zum ersten Frost aushärten. Hat man den Zeitpunkt verpasst, wartet man besser bis zum Frühjahr.

Minzen-Mulitkulti

Es gibt so viele verschiedene Minzen, dass man mit ihrem Anbau die unterschiedlichsten Kulturkreise kennen lernen kann. Hält man

Japanische Minze (*Mentha arvensis* ssp. *haplocalyx*) im Topf, taucht man in die Welt des höllisch-scharfen Tigeröls ein, das aus der mentholreichen Minze gewonnen wird. Kultiviert man Hemingway-Minze (*Mentha* species 'Nemorosa'), glaubt man sich mit Ernest in seiner Lieblingsbar Mojito schlürfend, auf Kuba. Und weiter geht die Reise in die arabische Welt. Dort schätzt man ein süß-würziges Minz-Aroma, wie es die Krausen Minzen der *Mentha spicata* var. *crispa*-Gruppe tragen. Türkische Minze, ausgesprochen „Nana“, verbindet Kümmelgeschmack mit fruchtigem Aroma und würzt traditionell Lamm- und Hammelfleisch. Wie die Tunesische Minze verwendet man sie für salzige Speisen ebenso gerne wie für die legendären Teegetränke.

Die Teezeremonie eines typisch marokkanischen Tees aus kunstvoll gravierten Silberkannen will gelernt sein. Hier die vereinfachte Variante: Grünen Tee (Dosierung nach Belieben) in eine Kanne füllen und siedendes Wasser aufgießen, bis die Kanne zu einem Drittel gefüllt ist. Fünf Minuten ziehen lassen. Ein Teeglas – die „Seele des Tees“ abgießen. Teekanne kreisförmig schwenken und das restliche Wasser schnell wieder ausgießen, ohne dabei den Teesatz wegzuschütten. Die „Seele“ wieder dazugeben, heißes Wasser auffüllen, eine handvoll frische Marokkanische Minze und Zucker nach Belieben zugeben. Fünf Minuten ziehen lassen. Durch ein Teesieb in Gläser füllen. Zweite Variante: Dem grünen Tee, wie in Tunesien, außer Tunesischer Minze noch Thymian, Beifuß und andere Kräuter nach der Saison beimischen. Ultimative Möglichkeit: Mit der eigenen Minze-Sammlung selbst kreativ werden.

Juni

18

19

20

Zuckerhut aussäen

21

22

23

St. Johanni: ab jetzt sommergrüne Laubhecken schneiden

24

Wieviel Menthol darf's sein?

Minzen weisen je nach Sorte unterschiedliche Zusammensetzungen an ätherischen Ölen auf. Insbesondere der Mentholgehalt wird nicht von jedermann vertragen. Grob gesagt, enthalten Minzen mit glänzend, ins Rötliche gehenden, glatten Blättern mehr Menthol als grün-behaarte Arten. Zu den mentholarmen, gut bekömmlichen Arten zählen Fruchtige Minzen wie die weißpanaschierte Ananasminze (1), Bananenminze (2), die in Bauerngärten seit Generationen beliebte Apfelminze mit dem typischen Pfefferminzgeschmack (3) und Erdbeerminze (4). Typische Vertreter der anderen Gruppe sind Spanische Minze (5), Marokkanische (6), Schokominze (7) und Orangenminze (8).

5
6
7
8

Minze kulinarisch

Vielfalt ist Trumpf: Von Szenegetränken wie Mint Julep und Hugo bis zur legendären englischen Mintsauce an Lammbraten findet Minze Verwendung. In der einfachsten Variante serviert man einen Minzzweig als Garnierung. Das Auge speist mit. Der Genießer isst's hinterher auf. Die flaumigweiche Apfelminze sieht auf den knusprig-gelben

Quarktaschen (1) ebenso appetitlich aus wie die frisch-grünen Blätter einer Nane-Minze auf dem türkischen Joghurtgetränk Ayran (2). Meist sind Minzen wie im herzhaften Bohnensalat (3) oder den Schoko-Küsschen (4) Zutat und Dekoration. Mal süß, mal herzhaft: Die vielen Geschmacksrichtungen der Minzsorten laden zum Experimentieren ein. Viele fangen mit dem Klassiker selbst gemachter After-Eight-Delikatessen an: Minzblätter zupfen, waschen, trocken tupfen. Edelbitterschokolade im Wasserbad schmelzen. Minzblätter mit der noch flüssigen Schokolade bestreichen. Schoko-Minzblättchen „all inclusive“ reichen oder die Blätter abziehen, sobald die Schokolade wieder fest ist. Die strukturierten Schokoblättchen tragen das feine Minzaroma.

Rund um Johanni

Sonnwendfeier im Stadtgarten, das heißt, die langen Abende auskosten – und überhaupt kosten: Von den Johannisbeeren, die ihren Namen nach dem Zeitpunkt ihrer Reife rund um den St. Johannistag am 24. Juni bekommen haben. Niemand konnte vorhersehen, dass die roten und schwarzen Beeren einmal Sortenzuwachs bekommen würden, der eine Ernte spätreifender Sorten bis in den September möglich macht. Zu Johannes des Täufers Zeiten hätte aber auch keiner daran gedacht, dass die Wildsträucher aus den Berg- und Schluchtwäldern einmal als kultivierte Hochstämmchen den Stadtgarten erobern würden. Kaum zu glauben, dass Johannisbeersträucher mit gelbweißen Beerentrauben die Mitkoster Amsel & Co. ins Bockshorn jagen würden. Über 30 Vogelarten laben sich in der Natur an den beliebten Johannisbeeren. Gelbe fressen sie nicht. Deren schmackhafte Süße muss sich im Laufe der Evolution wohl erst einen Erfahrungsweg ins Spatzenhirn bahnen.

Tradition haben zur Sonnwendzeit ganz andere Riten. Mit einem gewundenen Blumenkranz – am besten aus dem eigenen Garten – zieht ein Stück Schweden ein. Schließlich wohnt man rund um Johanni und seinen lauen Sommernächten nicht nur im Garten, sondern lebt darin. Im Astrid-Lindgren-Land gehören der Tanz und das Sonnwendfeuer, und wenn's nur in einem Feuerkorb ist, dazu. Zurück geht das Sonnwendfest auf den heidnischen Brauch, den Sieg des Lichtes über die Dunkelheit am längsten Tag und der kürzesten Nacht zu feiern. Die Blumenkränze warf man am Ende der Feier als Glücksboten in einen Fluss. In der moderneren Variante sucht man eine Vase für all die schönen Blumen und Kräuter, die wie das Johnniskraut rund um Johanni blühen.

Juni

25

26

27

Wasserschosser an Obstbäumen ausreißen

28

29

Spalierschnitt durchführen

30

1

Juli

Johannisbeeren? Jo!

Wollte man Sommergefühl als Naschfrucht anbieten, müssten es Johannisbeeren sein – wunderbar süß, lustig sauer und ganz schön knackig, wenn man auf die Kerne beißt. Mit ihrem handlichen Format sind sie erste Wahl im Stadtgarten. Sträucher werden maximal 1,50 Meter hoch und 2 Meter breit. Hochstämmchen lassen noch Platz zum Unterpflanzen. Säulenformen machen sich extra schmal.
Frisch vom Strauch seien Johannisbeeren am besten, behaupten manche Pflücker. Kinder wissen das Fruchterlebnis noch zu steigern: „Man muss die roten Perlen mit den Zähnen von der Rispe lösen, bis die Kugeln wie Bubble-Balls im Mund herumkullern, und dann drauf beißen.“ Neuere Sorten bilden besonders lange Trauben mit großen Beeren. Dabei sind die Beerensträucher so ergiebig, dass sie selbst nach dem täglichen Vitamin-Snack beim Gartenrundgang noch genügend Früchte für Säfte, Desserts und Kuchen liefern.

Tischlein deck dich

Stilllebenmaler des 17. Jahrhunderts würden beim Anblick der Obstschale zu Leinwand und Pinsel greifen. Der Stadtgärtner greift lieber zu. Neben dem frischen Verzehr, in Joghurt und Müsli gemischt, eignen sich vor allem die roten und schwarzen Johannisbeeren für Muffins (1). Die weißgelbliche Sorte 'Weiße Versailler' ist zuckersüß und passt daher besser in Quarkspeisen oder als essbare Dekoration.
Vollreif gepflückte Johannisbeeren entfalten ihr ganzes Aroma (2). Ausgereifte Beeren halten noch mindestens zwei Wochen am Strauch. So kann man die Ernte in Ruhe auskosten. Bleiben in Überflussjahren Früchte übrig, ist Einfrieren die beste Vorratshaltung.

1

2

Johannisbeer-Muffins

Johannisbeeren waschen und zupfen. Backofen auf 200 °C vorheizen.
Aus den Zutaten einen Rührteig herstellen. 2/3 der Früchte unter den Teig rühren. 12 Muffinsförmchen auf einem Backblech auslegen und Teig einfüllen. Die restlichen Johannisbeeren darauflegen. Mandelblättchen darüberstreuen und bei mittlerer Hitze 15–20 Minuten goldgelb backen.
Auf einem Kuchengitter abkühlen lassen.

200–250 g rote oder schwarze Johannisbeeren

Für den Teig:
2 Eier
100 g Zucker
¼ TL feines Meersalz
60 ml Speiseöl
80 ml Joghurt
1 TL Bourbon-Vanille
100 g Mehl
50 g Speisestärke
1 TL Backpulver
40 g gemahlene Mandeln
40 g Mandelblättchen

Johannisbeer-Tiramisu

Johannisbeeren waschen, abtropfen lassen und zupfen.
Den Boden einer Schale mit Löffelbiscuits auslegen und leicht mit Orangensaft beträufeln. Danach mit Amaretto tränken.
Aus den restlichen Zutaten einen Belag mischen. Johannisbeeren unterheben. Den Belag auf die Löffelbiscuits füllen und das Tiramisu an einem kühlen Ort durchziehen lassen.
Mit frisch gepflückten Johannisbeeren vom Strauch dekorieren.

250 g Mascarpone
500 g Magerquark
100 g Zucker
50 ml Amaretto
250 g Johannisbeeren (verlesen)
etwas Orangensaft
Löffelbiscuits (Menge nach Größe der Schale)

Dschungel-Feeling

Ist das jetzt Stadtdschungel oder statt Dschungel? Der Hausbaum, vielleicht ein lebendes Fossil namens Gingkobaum oder ein großblättriger Trompetenbaum als Hochstamm, haben eine Urwaldriesen-Baumschicht aufgebaut. Rostrote Rebe, Kiwi und andere Schlingpflanzen hängen ihre Lianen über Traillagen und Rankwände. Einjährige Kletterpflanzen wie Prunkwinde und Schwarzäugige Susanne schrauben sich an Seilen empor. In der „Strauchschicht“ fragen blauviolette und malvenfarbene Hibiskusbäumchen: „Etwas Südsee-Szenerie gefällig?“ Stadtgartenbewohner mit Destination Ost-Asien schickt das Rascheln der verschiedenen Bambusarten gedanklich auf Reisen. Im untersten Stockwerk spürt man den Hauch von Karibik mit großblättrigen Bodenpflanzen und Blütenwundern in klaren Farben.

Exotisch anmutende Refugien im urbanen Raum sind in Sonne wie Schatten möglich. Atriumhöfe bieten sich für Grünräume an, die dem Regenwald nachempfunden werden: Schattengräser, Farne und Blattschmuckpflanzen wie Funkien (*Hosta*) unterstützt das Element Wasser in Form von Quellsteinen oder kleinen Bachläufen. Das schafft ein angenehmes Mikroklima.

Auf sonnigen Standorten lädt der Sommerflor dazu ein, in die Farbigkeit der Tropen einzutauchen. Mit der Sommerzeit haben sich die Exoten mächtig ins Zeug gelegt. Damit dies so bleibt, müssen die Nährstoffdepots regelmäßig aufgefüllt werden. In Kästen und Kübeln sind die Düngevorräte schnell aufgebraucht. Am wirksamsten fördert man den Blütenreichtum mit Flüssigdüngern.

Juli

2

3

4

Kübel- und Balkonblumen regelmäßig gießen und düngen

5

6

Thymian nach der Blüte um 1/3 kürzen

7

8

Urwald urban

Es ist wie ein Rückzug in eine verloren geglaubte Welt: In seinem intimen von Lianengrün eingewachsenen Raum, hat man sich ein kleines Paradies im engen Stadtbereich erobert. Die Idee vom Dschungel im urbanen Raum setzt man mit einem Drei-Punkte-Plan um: Farbe – Form – Dimension. Grün dominiert das Bild. Stoffe in Rot-Orangetönen und erdige Wandfarben verstärken den Rot-Grün-Komplementärkontrast. Kommen Blüten dazu, leuchten sie exotisch hervor. Neben üppigem Grün vermittelt eine dichte Pflanzung den Eindruck von Undurchdringlichkeit. Markante Blattformen, wie sie Farne und Rankpflanzen zeigen, imitieren Urwaldatmosphäre. Zwischen Innen- und Außenraum wird eine Beziehung hergestellt.

1

2

3

Für Tarzan und Jane

Vorhangeffekte lassen sich auf dem Balkon nicht nur durch Rankpflanzen wie Blauregen und Wein erzielen. Stoffrollos richten den Urwald-Platz häuslich ein. Bei Bedarf werden sie heruntergelassen (1). Wer die Weinreben aufgrund ihrer malerischen Wirkung und als Bekränzung, beispielsweise einer Büste liebt (2), lässt sie frei wachsen. Geht es um die Beeren, muss man das Blattwerk während des ganzen Sommers ausbrechen. Entfernt werden Triebe, die die Trauben beschatten und aus den Blattachseln wachsen. Von rankenden Staudenwicken *(Lathyrus latifolium)* pflückt man während der Blütezeit von Juni bis August die schönsten Sträuße (3). Wem es auf Duft ankommt, hält sich an einjährig kultivierte Duftwicken *(Lathyrus odoratus)*.

Gefüllte Weinblätter

25–30 Weinblätter frisch aus dem Garten

Für die Füllung:
150 g Reis
25 g Korinthen
150 ml Olivenöl
25 g Pinienkerne
450 g Zwiebeln, feingehackt
25 g Tomatenpüree
je 1/4 TL schwarzer Pfeffer und Nelken, gemahlen,
Zimtpulver, Paprikapulver
je 1 EL Zucker und Salz
Petersilie, Dill und Minze gehackt

Zum Garen:
400 ml Fleischbrühe

Zuerst wird die Füllung hergestellt: Reis in warmem Salzwasser einweichen, bis das Wasser erkaltet ist. Korinthen einweichen. Pinienkerne 2 Minuten in Öl braten, dann die gehackten Zwiebeln zugeben und 10–15 Minuten goldgelb braten. Reis abgießen und anbraten. Tomatenpüree unterrühren, dann die Gewürze, Korinthen, Zucker und eine Prise Salz zugeben.
Kochendes Wasser aufgießen, bis der Topfinhalt gerade bedeckt ist und etwa 15 Minuten köcheln lassen. Die Füllung soll noch nicht ganz gar sein.
Zum Schluss frische Kräuter unterrühren und die Füllung etwas ruhen lassen.

Weinblätter füllen: Weinblätter waschen. 4 Minuten mit Zitronensaft in einem großen Topf mit kochendem Wasser halb gar kochen. Blätter herausnehmen, mit kaltem Wasser abschrecken und abtropfen lassen.
4 bis 5 Blätter auf den Boden eines Topfes legen. Die gleiche Menge an Blätter zur oberen Abdeckung des Gerichts zurückbehalten.
Die Füllung auf die verbleibenden Blätter verteilen, einrollen und seitlich einschlagen. Nebeneinander in den Topf setzen und mit den restlichen Weinblättern abdecken.
Mit 400 ml Fleischbrühe aufgießen und bei geringer Hitze 40–60 Minuten köcheln lassen, bis die gefüllten Weinblätter weich sind.

Auf frischen Weinblätter servieren. Dazu passt Weißbrot.

Lebe römisch!

Alles spricht dafür, sich dieser Tage ein Beispiel an den Römern zu nehmen. Sie wussten den Sommer in ihren Villen zu verbringen. Wo nur ein kleiner Innenhofgarten zur Verfügung stand, erweiterten sie den Raum zumindest optisch mit Fresken. Illusionsmalerei täuscht bis heute kunstvoll über Nachbars Hausgrenze hinweg. Expansion war stets das Welt beherrschende Thema der Römer. Blickt man sich im eigenen Stadtgarten um, bildet eine Mauer den Limes. Da dürfen die Wachtposten nicht fehlen: Zwei Töpfe Hauswurz auf der Mauerkrone platziert, und Pflanzen haben den letzten Winkel erobert.

Die Römer gehörten zu den bedeutendsten Importeuren pflanzlicher Gartenkultur. Sie brachten die Weinrebe und mediterrane Kräuter über die Alpen. Ihnen verdanken wir Gemüsearten wie den gerade wieder entdeckten Mangold. Als Profis der Obstkultur wussten sie bereits in vorchristlicher Zeit um die Geheimnisse des Veredelns. Viele unserer schönsten Zierpflanzen dienten ihnen zum Verfeinern der Speisen. Der berühmte Plinius empfahl dem Salat Rosenblütenblätter wie Sauerampfer beizumischen. Das wird gleich ausprobiert! Weniger nachahmenswert: Die Zwiebeln der Madonnenlilie galten den römischen Legionen als nahrhafte Wegzehrung. Waren die Fußmärsche besonders lang, rieben sie sich die Hühneraugen damit ein. Dann allerdings in Salbenform. Die Römer waren bekannt für ihre Körperpflege. In luxuriösen Thermen frönten sie der Badekultur. Und heute – quo vadis? Tauchfass, Gartendusche, Freibad oder lieber gleich ab in die Meerländer? Die Römer jedenfalls brachen ständig zu neuen Ufern auf.

Juli

9

10

11

Asiagemüse aussäen

12

13

Endiviensalat säen

14

15

Sempervivum

„Immerlebend" bedeutet der botanische Name *Sempervivum* für Hauswurze. Ihre Rosetten sehen das ganze Jahr über attraktiv aus. Populär sind die „Semps", weil es kaum eine pflegeleichtere Steingartenpflanze gibt. Man kann sie getrost sich selbst überlassen. Schon die Römer begegneten den Überlebenskünstlern mit Respekt. Ihre Präsenz sollte vor Unwetter schützen. Im Hauswurz wirkte der Gott über Blitz und Donner. Hätten die Römer keinen eigenen Gott namens Jupiter dafür gehabt, wären die Blitzableiter sicher unter dem keltischen Namen Donarsbart übernommen worden. Damit ist der Jupiterbart der geschichtsträchtigste Vertreter des Hauswurzsortiments.

Ein Nischenprodukt

Je nach Sorte sind die dickfleischigen Blätter rotbraun bis lindgrün, und die Rosetten glänzend glatt, mit Drüsenhaaren versehen oder spinnwebartig überzogen. Ein Mix bietet sich an. Schon ein flacher Korb reicht als Pflanzschale aus (1). In Tontöpfen bekommt jede Sorte ihr eigenes Reich (2). Wichtig ist ein Wasserabzug, um Staunässe zu verhindern. Pflanzerde mischt man Sand im Verhältnis 1:1 bei. Sie sollte nährstoffarm, aber mineralstoffreich sein.
In Schalen und Steintrögen lassen sich Mini-Landschaften mit Hauswurzen und Steinen gestalten (3). Streut man das Gebirge mit Splitt ab, sieht das dekorativ aus und begünstigt das Pflanzenwachstum. Schiefergestein stellt den Bezug zu den Römern an Rhein und Mosel her. Und für die römischen Scherben hat man endlich den richtigen Platz gefunden.

1

2

Die richtige Wahl

Rosen sind traumhaft. Doch im Stadtgarten muss man auf dem Boden der Tatsachen bleiben. Jede der hier abgebildeten Rosen könnte die Auswahl eingrenzen: Für welchen Platz ist sie gedacht? Die rahmweiße 'Lykkefund' trägt keine Stacheln. Das ist ideal für Rankbögen oder Sitzplätze. Wie wüchsig darf sie sein? 'Venusta Pendula' mit den locker gefüllten rosaweißen Blüten treibt als Rambler 6 Meter lange Triebe. Soll die Rose duften? 'Constanze Spry' mit den großen rosafarbenen gefüllten Blüten duftet nach Myrte (1).

Eine lukullische Verbindung – Lucullus war ein kulinarisch versierter römischer Feldherr – gehen Rosen und Wein ein. Um diese Zeit kann man die Weinblätter zum Füllen ernten (2) und Rosenblütenblätter für Süßspeisen (3).

Typisch römisch

Wein und Rosen sind die Luxusgüter, die uns beim Stichwort römische Lebenslust als erste in den Sinn kommen. Ein bisschen „Heliogabalus"-Erbe steckt in jedem, der davon träumt, im Garten von Rosen umgeben zu sein. Keines der Feste des rosenverliebten römischen Kaisers kam ohne Rosenblätter aus, die von der Decke regneten und Sitzkissen füllten. Moderne Rosenliebhaber mögen es weniger dekadent, aber nicht weniger genussvoll. Bei der Sortenwahl hat man die kulinarische Seite der Rosen im Blick. Für Rosenblütenrezepte eignen sich alle stark duftenden Sorten. Nur sie entfalten in den Speisen das gewünschte Rosenaroma.

Leichtigkeit

Spannend, wie sich die Terrassenbepflanzung entwickelt hat! Am Anfang war das Wort – Leichtigkeit. Als Leitbild stand es für die Gestaltung im Raum. Es hätte auch irgendein anderes Thema sein können – „Feuer und Flamme" oder „Silbersommer". So nennen sich etablierte Stauden-Mischpflanzungen, die erprobt sind und als Programm geordert werden können. Aber bei der Leichtigkeit wollte man das Ensemble individuell auswählen! Ein Grund dafür war die Platzfrage. Es gibt Staudenmischungen ab 5 bis 20 Quadratmeter Beetfläche. Will man einen „Sommernachtstraum" geben, beginnt die Bühnengröße wie bei den meisten Mischpflanzungen bei 30 Quadratmeter.
Die „Leichtigkeit" wird in Töpfen inszeniert – das war der Plan, der sich derzeit bewährt. Im nächsten Schritt hatte man sich überlegt, wie und vor allem mit wem das Thema interpretiert würde. Jetzt sieht man, dass es gelungen ist, die Dominanz baulicher Form aufzulockern. Wo Kuben und Kanten aufeinander treffen, erwecken Pflanzen den starren Raum zum Leben. Aus einer Theaterkulisse wird mit dem Auftritt der Darsteller ein Ort, der in eine andere Welt entführt. Im Siedlungsraum entwickeln Pflanzen diese Dynamik. Dazu braucht es Charakterdarsteller. Von denen finden sich unter den Stauden besonders viele. Dabei verkörpert niemand die Leichtigkeit des Seins besser als alle Arten von „Luftblumen". Auf filigranen, aber stabilen Stängeln schweben ihre Blüten über den Dingen. Schmale oder fein gefiederte Blätter schwingen bei jedem Windhauch hin und her. Immer, wenn die Regieanweisung lautet „Wir brauchen mal einen möglichst natürlichen Statisten", kommen hohe Ziergräser zum Zug. Und in die Nebenrolle hat es doch noch die ein oder andere Sommerblume geschafft.

Juli

16

17

18

19 Erdbeerpflanzzeit beginnt

20

21 Balkonblumen ausputzen

22

1

Die Protagonisten

Im Terrassenstück „Leichtigkeit“ sind die Hauptrollen an lang blühende „Luftblumen“ zu vergeben. Ihre Blüten sollten weit über dem Laub stehen und tänzerische Qualitäten besitzen. Das erfüllen zahlreiche Blütenstauden. Doch nicht alle eignen sich für die Topfinszenierung in voller Sonne. Diese drei haben es mit diesem Steckbrief geschafft:

(1) Witwenblume *(Knautia macedonica)*
Besonderheit: Auffällig rubinrote Blütenköpfchen auf 60–100 Zentimeter hohen verzweigten Stielen, die sich in ihrer Verspieltheit den Charme einer Wiesenblume bewahrt haben.
Blütezeit: Juni bis Oktober
Breite: 60 Zentimeter

(2) Taglilie 'Frans Hals' *(Hemerocallis-Hybride)*
Besonderheit: Zweifarbige große Blüten auf bis 80 Zentimeter hohen stabilen Stängeln
Blütezeit: Juni bis August; wie bei Taglilien üblich blüht jede Blüte nur einen Tag
Breite: ausgewachsen bis 70 Zentimeter, grasartige Horste

(3) Prachtkerze *(Gaura lindheimeri)*
Besonderheit: Gauklerin der Lüfte, deren Einzelblüten an einer 60–100 Zentimeter langen eleganten Blütentraube an Schmetterlinge erinnern
Blütezeit: Juli bis Oktober
Breite: 40 Zentimeter

Gastauftritt

Neben der Darstellung eines Themas durch die Wuchs- und Charaktereigenschaften einer Pflanze, lässt sich die Stimmung vor allem durch Farben herbeiführen. Soll die „Leichtigkeit“ wie eine frische Sommerbrise herüberkommen, sind diese zwei gefragt:

(4) Blauraute *(Perovskia atriplicifolia)* blüht von August bis Oktober blau wie der Himmel und das Meer. Der aromatische Halbstrauch (90–130 Zentimeter hoch) trägt kühles graublaues Laub.

(5) Zauberschnee 'Diamond Frost' *(Euphorbia)* strahlt in Weiß wie die Gischt oder vorbeiziehende Schönwetterwölkchen. Die Einjährige blüht die ganze Saison.

1

Dachterrasse

Unter allen Balkon- und Terrassenplätzen spielen Dachterrassen in der obersten Liga. Sie sind ein Extremstandort – extrem windig, extrem offen, extrem schick. Um aus dem meist einsehbaren Raum eine Wohlfühloase zu gestalten, zieht man grüne Wände hoch. Je nach Bedürfnis sind sie mehr oder weniger offen. Die Mischung aus Sichtschutz und Durchblicken rhythmisiert die Geländerfront. Die Pflanzgefäße müssen ausreichend groß sein. Entsprechend dimensioniert, können selbst Bäume über ein paar Jahre darin in den Himmel wachsen. Knackpunkt ist die Tragfähigkeit der Dachterrasse. Sie wird leicht überschätzt. Zu dem Gewicht von Topf und Pflanze kommt das wassergesättigte Erdvolumen – pro Liter Substrat ca. 1,5 Kilo. Die Gefahr einer durchgedrückten Dachabdichtung soll man nicht riskieren und redet vorab lieber mit einem Statiker. Eine professionelle Planung entpuppt sich meist als die kostengünstigere Variante. Profis werden gleich zu einem eingebauten Bewässerungssystem raten.

Auf wohnlichen Holzdielen

Kletterpflanzen schotten die intime Sitzecke ab (1). Die Möbel sind wetterfest. Nur die Kissen werden bei schlechtem Wetter reingeholt, die Markise eingezogen. Gehölze filtern Einblicke. Schöne Ausblicke bleiben über Blütenpflanzen im Topf erhalten. Ein Spalier liefert Sichtschutz und Obst (2). Auf windexponierten Terrassen wird es am Gefäß befestigt. Zwischen Eisenstangen ist ein Traumfänger gespannt (3).

Was jetzt zu tun ist

To-do-Listen sind Gedächtnisstütze und Arbeitsauftrag. Sie fragen „was steht an" und vermitteln in ihrer strukturierenden Art das beruhigende Gefühl, sich zumindest schon mal einen Überblick darüber verschafft zu haben, was getan werden müsste. In diesen Tagen wäre das in der Rubrik Nutzgarten zum Beispiel: Aussaat von Asia-Gemüse wie Pak-Choi und Chinakohl sowie den bittereren Salaten Endivien, Zuckerhut und Radicchio. Hochgeschossene Tomaten aufbinden und ausgeizen. Tomaten werden wie Kartoffeln und Paprika ständig auf Krautfäule kontrolliert. Die Pilzkrankheit lässt die Blätter faulen. Sie müssen sofort entfernt und über den Restmüll entsorgt werden.

Ja, Checklisten enthalten auch unliebsame Arbeiten: Blattläuse mit starkem Wasserstrahl bekämpfen; Schnecken absammeln; Algen aus dem Wasserbecken fischen. Hat man die Punkte Beerensträucher nach der Ernte auslichten auf der To-do-Liste glücklich

abgearbeitet, kommt der Posten Reinigung: Unkraut jäten; Formschnitt an Buchsbaum; Ausputzen von Sommerflor und Kübelpflanzen. Mit dem Haken hinter „Nutzbeete mulchen" oder „zwischen den Reihen hacken, um den Boden feucht, fein strukturiert und unkrautfrei zu halten" hat man mal wieder bewiesen: Ordnung ist das halbe Leben. Aber eben nur das halbe! Deshalb sollte am Ende jeder Zu-tun-Liste auch ein Zu-gönnen stehen, und dahinter: Einfach mal Nichtstun und den Sommergarten auskosten.

Juli

23

24

25

Staudendüngung einstellen

26

27

Grün- und Chinakohl aussäen

28

29

Warm – wärmer – gegrillt

Die beste Zeit zum Grillen sind die Abendstunden. Das Licht wird sanft. Im Schein der Abendsonne tritt die graphische Wirkung von Pfeifengras *(Molinia caerulea)* hervor. Sommerstauden wie den gelben Sonnenhut 'Goldsturm' *(Rudbeckia fulgida* var. *sulivantii)* bringen die Strahlen zum Leuchten (1). Die Glut im Grill hat die nötige Hitze (2). Erwartet man Gäste, sollte man früh genug anfeuern. Auf dem Balkon sind schon so viele Tomaten herangereift, dass es für die ersten eigenen Grilltomaten reicht. Fleischtomaten halten die Form am besten. Zucchini bringen noch nicht die große Schwemme hervor, aber eine Frucht trägt das Kürbisgewächs mit 1 Quadratmeter Platzbedarf bestimmt. Jung ist das Fleisch fest, schmeckt nussig und die grüne Schale kann dran bleiben. Das sieht auf Grillspießen lecker aus (3). In der Vegetarier-Variante mischt man bunt – zum Beispiel Champignons, Zucchini, Paprika Kartoffeln. Damit die aufgespießten Zutaten die gleiche Garzeit haben, kocht man die Kartoffeln vor.

Barbecue

Ursprünglich soll das Wort Barbecue auf eine indianische Bezeichnung für ein Lager aus Weiden- oder Lianengeflecht zurückgehen. Die Kreolen lernten es bei einem Indianerstamm der Karibik als Begriff für das Garen von Fleisch über dem Feuer an einem Holzspieß kennen. Im Spanischen bezeichnete das „barbacua" daraufhin einen „im Erdloch zubereiteten Braten". Heute ist es Synonym für ein Grillfest. Aus dem Erdloch ist eine Feuerstelle auf Rädern geworden. Fröhlich lagert man um den mobilen Grill und kennt neben diversen Fleischstücken raffinierte Gemüsespieße. Wer für die Backdauer eines Stockbrots in archaische Zeiten abtauchen will, hat sich einen selbst gemischten Brotteig auf eine Baumrute gespießt. Der Brotspieß wird so lange über dem Feuer gedreht, bis er knusprig ausgebacken ist.

So duftet der Sommer

Von links duftet es nach Sommerflieder, von rechts lässt der Lavendel beim Vorbeistreifen seine ätherischen Öle aufsteigen. Und auch an der Rose kommt man nicht ungerochen vorbei. Die Wärme mischt Blütenessenzen und Blattingredienzen zu einem Sommerparfüm. Hohe Luftfeuchtigkeit fördert den Duft. Die darf an heißen Tagen hausgemacht sein. Am besten stellt man sich einen Wasserzerstäuber in greifbare Nähe und simuliert en passant die Meeresluft, wie sie in Küstennähe herrscht, wenn sich die Wellen an den Felsen brechen.

Aus dem reichen Angebot der Sommerdüfte, stellt sich jeder sein persönliches Parfüm zusammen. Man könnte den rauen Blättern der Zitronenverbene ihren Duft nach Zitrusfrüchten entlocken – voilà die Kopfnote. Die erste flüchtige Wahrnehmung mit einer Herznote aus fruchtig-würzigen Duftpelargonien (Blätter reiben) oder blumigen Oleandern (Blüten) unterlegen. Das wird das Herz des Parfüms. Zum Schluss die Grundnote mit dem balsamischen Geruch des Heliotrops komponieren.

Fängt man erst mal an, den Garten auf seinen Faktor „Grasse" – nach der französische Stadt der Düfte – zu durchforschen, erschließt sich eine völlig neue Welt. Für echte Nasen wie Debütanten gilt: Nur mal reinschnuppern! Nach zwei bis drei Sekunden ist der Geruch wahrgenommen. Danach scheint er wie weggeblasen. Die Riechzellen schützen sich vor Reizüberflutung. Gerüche sind ein tief greifendes Erlebnis. Sie werden im Stammhirn verarbeitet, einer Hirnregion aus der frühen Entwicklungsgeschichte des Menschen und Sitz unserer Stimmungen und Gefühle. Wundert es da noch, wenn die Rose nach Nostalgie duftet und die Zitronenverbene nach sommerlichem Nichtstun?

Juli

30

31

1

August

2

3 Postelein (auch Winterportulak genannt) bis September aussäen

4

5 Augustschnitt an Obstbäumen

Erfrischend zitronig

„Verveine“ heißt das in Frankreich beliebteste Teekraut. Weg vom Image des gesunden Kräutertees, hin zum vitalen Harmonisierungsgetränk: So überzeugt die Zitronenverbene. Schon beim Pflücken überraschen die spitzen, rauen Blätter mit einem Duft nach reinem Zitrusöl. Bis zu drei Jahren halten die getrockneten Blätter ihr Parfüm. Das ist ideal für Duftschalen und -säckchen. Für die „tizane“ – das Teegetränk aus Kräu-

tern: 4–5 Triebspitzen schneiden, 1 Liter kochendes Wasser aufgießen, 5–10 Minuten ziehen lassen. Verveine schmeckt warm und kalt, mit und ohne Zucker. Die fein gehackten Blätter eignen sich für Drinks und Süßspeisen aller Art.

Kultiviert

Die Spanier brachten die Zitronenverbene *(Aloysia triphylla,* syn. *Lippia citriodora)* im 17. Jahrhundert zur Parfümherstellung aus Südamerika nach Europa. Am besten gedeiht sie, wenn man es ihr so heimatlich wie möglich macht: vollsonnig und windgeschützt in einem leichten, durchlässigen Boden. Dazu mischt man normaler Blumenerde Sand und Kalksplitt unter. Der 30–150 Zentimeter hohe Kleinstrauch mit kleinen weißen Blüten eignet sich sehr gut als Kübelpflanze (1). Wer keinen frostfreien Überwinterungsplatz hat, kultiviert sie als Einjährige. Die aromatisierenden Triebspitzen sind auch eine hübsche Garnierung von Obstsalaten (2). Häufiges Einkürzen hält zudem die Pflanzen kompakt (3).

Basilikum

Aufs Herrlichste kann man sich jetzt ins Geschmacks- und Aromagetümmel grüner Gewächse stürzen. Aus aller Herren Länder sind Spezialitäten zu uns gekommen. Führend unter den internationalen Kräutern ist das Basilikum *(Ocimum basilicum)*.

1

2

3

Unterschiedlichste Aromen

von Blutwurst bis Parfüm sind die eine Stärke des Basilikum-Sortiments. Die andere stützt sich auf seine Beziehungen in Kulturkreise rund um die Welt. Aus Italien stammt das in der Küche wohl beliebteste 'Genoveser Basilikum' mit großen grünen Blättern. Das Beste für Pesto ist 'Fino Verde'. Afrika schickt mit dem Afrikanischen Zitronenbasilikum ein Würzkraut mit fruchtiger Limonennote. Ein Renner unter der Sonne unserer Breiten ist das Strauchbasilikum 'African Blue' geworden (3). Es zeigt sich robust: wächst, blüht und gedeiht auch im Freiland, wo viele andere Sorten aus wärmeren Ländern lieber Gewächshaus-Asyl beantragen würden (2). Thai-Basilikum *(O. basilicum* var. *thyrsiflorum)* gehört beispielsweise dazu. Kokosnuss-Curry wäre ohne seinen anisartigen Geschmack undenkbar.

Die Mexikaner schätzen das süß-intensive Aroma ihres Zimtbasilikums für Kräutertees oder die Basilikum-Auslese 'Green Pepper' *(O. selloi)* – hier zwischen dunkellaubigem 'Purple Ruffles' und 'Red Ruby' sowie grünem 'Bubikopf' (1). Indien huldigt seinem 'Tulsi' *(O. tenuiflorum)* als Heilpflanze. Griechenland und die Türkei halten sich ihr landesspezifisches Buschbasilikum *(O. species)* vor allem als Zierpflanze. Im Topf auf dem Balkon und vor dem Hauseingang hält es Mücken fern. Damit sich Basilikum bei uns optimal entwickeln kann, versorgt man Topfbasilikum alle paar Wochen über das Gießwasser mit organischem Flüssigdünger in niedriger Konzentration und erntet immer nur die Triebspitzen.

Auf die Bohnen, fertig, los!

Mit Beginn des Monats August muss man für seine Pflanzen da sein. Alles scheint auf einmal reif zu werden. Kohlköpfe und Bohnen, Salate und Zwiebeln, Gurken und Zucchini – alle sind auf dem Selbstverwirklichungstrip. Am besten nimmt man es sportlich: Beugen für die Buschbohnen. Strecken für die Stangenbohnen. Dieses Jahr hängen sie mit der bewährten Sorte Blauhilde dunkelviolett am Gestänge. Beim Kochen werden sie wieder grün. Andere sind gelb oder rot gesprenkelt. Als Grüne Bohnen bezeichnet man die Hülsen aller Stangen- und Buschbohnen, egal welcher Couleur, solange die Kerne im Inneren noch nicht ausgereift sind, und man die ganzen, noch zarten Hülsen zum Kochen erntet.

Abernten ist das eine. Für Nachwuchstalente zu sorgen das andere. Hier sieht man sich als Coach: Langen Kürbisranken zwickt man die Triebe aus. Das ermuntert den Kürbis zum Blühen und Fruchten. Die gekappten Spitzen kocht man fünf Minuten in Salzwasser und richtet sie mit Olivenöl an. Kleinfrüchtige Kürbisse lassen sich gut über Rankbögen ziehen. Während die Kürbisse am Reck turnen, will die nächste Gemüse-Riege betreut werden. Anfang August bis Mitte September gehen Feldsalat und Spinat wieder an den Start. Spinat ist bereits nach sechs Wochen erntereif. Vom Feldsalat werden ab jetzt nur noch Wintersorten ausgesät. Beim Lauch darf man nicht vergessen ihn immer wieder anzuhäufeln. Das gibt schöne weiße Schäfte. Langsam greift die Dopingkontrolle. Bis Ende des Monats sollte man die Düngegaben bei Stauden und Gemüse außer Tomaten einstellen. Geschmack und Frosthärte leiden unter den puschenden Nährstoffgaben.

August

6

7

8

Feldsalat säen

9

10

Abgeerntete Johannisbeersträucher auslichten

11

12

Grüne Bohnen mediterran

Eine Portion grüne Bohnen
Frühkartoffeln
1 Zweig Bohnenkraut
1 Zitrone oder Limone
Olivenöl
Salz

Frühkartoffeln mit einer Gemüsebürste unter Wasser säubern, so dass man die Schale mitessen kann (1). In einem Kartoffeldünster oder Topf mit Salzwasser in 20–25 Minuten weich dünsten (2). Frisch aus dem Garten geerntete Bohnen (pro Person ca. 250 g) und einige Stängel Bohnenkraut waschen (3). Stielansatz und Bohnenende abschneiden und in kochendem Salzwasser ca. 15 Minuten gar kochen. Zitronen oder Limonen auspressen (4). Kartoffeln und Bohnen auf dem Teller anrichten. Salzen. Bohnen mit Olivenöl und Zitronensaft nach Belieben beträufeln.

Bohnen und Zitronen

1

2

Bereits seit Juli werden die Stangenbohnen reif. Damit die Bohnen schön zart bleiben, erntet man sie regelmäßig durch. Roh sind sie giftig, gekocht eine Delikatesse. In Südfrankreich bereitet man daraus eine leichte Sommerkost, mit Olivenöl und Zitronensaft beträufelt. An einem heißen Augusttag ist das Zusammenspiel von warm und kalt genau das Richtige. Bestenfalls hat man Zitronen vom eigenen Citrusbäumchen.

Zu jedem Bohnengericht gehört Bohnenkraut. Es macht die Hülsenfrucht bekömmlicher. Neben der einjährigen Variante gibt es mehrjähriges Bergbohnenkraut *(Satureja montana)*. Hat man Geschmack an zitronigem Aroma zu Bohnen gefunden, hält man sich das Zitronige Bohnenkraut *(S. montana* var. *citriodora)*.

Gewusst wie

Zwerg-Berg-Bohnenkraut *(Satureja montana* ssp. *illyrica)* ist ein besonders niedrig und dichtwüchsiges Würzkraut (1) zu Bohnen.

Die langen Bohnenstangen waren auf dem Schulfoto immer die, die hinten stehen mussten. So ist es auch im Garten. Man muss sie so aufstellen, dass sie die anderen Kulturen nicht verdecken, sprich beschatten (2).

An einem heißen Tag erfrischt das mit Zitronenscheiben und Zitronenmelisse-Zweig aromatisierte Mineralwasser „on the rocks“ (3).

Krimistunde

Feuer gefangen bei den Chilis und eine mörderisch scharfe Sorte erwischt? Whodunit?! So heißen die Detektivgeschichten, die den Leser im Unklaren darüber lassen, wer die Tat begangen hat. Im Peperonifall ist das ähnlich. Als Ermittler mit grünem Daumen wird man schnell merken, dass man mit der üblichen pflanzensystematischen Einteilung nach Arten nicht weiterkommt. Paprika, Pepperoni, Chili – alles dasselbe *Capsicum* (botanisch). Je länglicher und dünnwandiger die Form einer Paprika wird, desto eher lässt sich dahinter eine Pfefferoni vermuten. Die kann mild sein oder brennen. Wird es richtig scharf, spricht man landläufig von Chili.

Für die Schärfe gibt es eine Einteilung von mild bis höllisch scharf. Das für die Schärfe verantwortliche Alkaloid Capsaicin steigert den Appetit, regt die Speichel-, Magensaft- und Schweißdrüsenproduktion an und wirkt antibakteriell. Bei empfindlichen Menschen kann es aber auch zu Herzklopfen und Atemnot führen. Viele Sorten bestechen allein schon durch ihren dekorativen Charakter. Das spricht für ihren Einsatz als Schmuckpflanze zwischen Salatgrün und als Früchteknaller im Sommerflorkasten. Chili-Fans wissen natürlich: das ist nur Tarnung. In ihrem eigentlichen Leben als Frucht, die Spezialitäten von ungarischem Gulasch bis zu Schokokonfekt die richtige Würze verleiht, soll sie zubeißen können. Will man ihnen diesen Zahn ziehen, entfernt man die Samenkerne im Inneren. Die ersten Früchtchen könnten dieser Tage schon reif sein.

August

13

14

Mariä Himmelfahrt ist Krautwischtag: Stichtag für letzten Formschnitt

15

16

17

Stickstoffbetonte Düngung einstellen

18

19

Scharfe Sache

Die Sorten von Paprika, Peperoni und Chili sind so vielfältig wie ihre Formen und Schärfegrade von 1 ganz mild bis 10 höllenscharf: Rotes Teufele (1) hat Schärfe 8–9. Zu den scharfen hängenden Pepperoni gehört auch 'Westlandia' (2) . Sie ähnelt der größeren 'De Cayenne' (3) aus deren langen schmalen Früchten man getrocknet und gemahlen den Cayennepfeffer gewinnt. Glockenpaprika (4) variiert wie die längliche 'Red Chili' (5) in der Schärfe. Habanero-Typen wie 'Ha-

banero Paper Hot Laterna' (6) sind meist nur als Gewürz verwendbare Chinesische Paprika der Schärfe 10. Aufrecht stellt 'Lila Luzi' ihre dekorativen, mittelscharfen Früchte (7).

Die 5 W's des Anbaus

Wo? Robuste Sorten wie 'Lila Luzi' in Töpfen und Balkonkästen. Kälteempfindliche im Glashaus oder Folientunnel. Die Plätze sollten immer warm und sonnig sein.
Wann? Im Februar aussäen. Vorgezogene Pflanzen (auch gekaufte) im Freiland frühestens nach Mitte Mai auspflanzen. Besser noch die „Schafskälte" Anfang Juni abwarten.
Wie? Pflanzabstand für kleinere Sorten 40 x 50 Zentimeter, größere 50 x 70 Zentimeter.
Was noch? In der Saison kontinuierlich wässern. Bei Trockenheit werfen sie die Blüten ab. Mit Flüssigdünger nach Packungsanleitung düngen.
Wozu? Die Ernte beginnt im Juli, dauert bis zum Oktober und liefert Gemüse und feurige Würze für südländische und exotische Gerichte, Salsa, Tabasco-Sauce und Desserts.

Wie löschen, wenn es brennt?

Zu scharf gewürztes Essen kann man im Nachhinein nicht mehr entschärfen. Am besten isst man Brot dazu oder nimmt etwas Fetthaltiges wie Vollmilch zu sich. Wasser, Saft oder Wein helfen nichts. Aber wie wäre es mit Schokolade? Chocolatiers haben die reizvolle Kombination von Chilischärfe und Schokoladensüße erkannt.

1

Ein scharfes Treffen

Auf gestalterischer Ebene inspiriert das Thema zu verführerischen Arrangements. Man nehme: Für einen warmen, vollsonnigen Platz Peperoni oder Chili nach Wahl und die Schokoladenblume *(Cosmos atrosanguineus)* (1). Die 60–80 Zentimeter hohe Duftpflanze, deren Name Programm ist, blüht von Juli bis Oktober. Je nach Lichteinfall schimmern die windbewegten Blüten in Smokingschwarz oder Bordeauxweinrot. Statt im Barrique reift sie im Kübel. Topfhaltung empfiehlt sich allein wegen der Überwinterung: frostfrei wie Dahlien.

Auf einem Bistrotisch mischen sich die Blütenpflanze und der fruchtbehangene Gewürzpaprika abwechslungsreich unter Kräutergrün (2).

2

Die Prärie grüßt ihre Freunde

Als die Präriegartenbewegung in Amerika einsetzte, ging es um den Erhalt der letzten wilden Kurzgras-, Misch- und Hochgrasprärien, die sich einst von Kanada bis Mexiko erstreckt hatten. Auf dem europäischen Kontinent erkannte man schnell, dass sich der nachhaltige Pflanzstil perfekt mit dem ästhetischen Empfinden einer freiheitsliebenden Generation kombinieren ließ. Damit war nicht nur der geringe Pflegeaufwand gemeint. Es stimmt, dass Präriemischungen zeitweise Trockenperioden gut überstehen können.

Es ist richtig, dass man außer einem Rückschnitt nach dem Winter kaum etwas tun muss. Aufwendiges Teilen, Düngen und Wässern entfällt. Bringt man noch eine mineralische Mulchschicht auf, wird sogar Unkrautwuchs unterdrückt.

Der eigentliche Grund, sich eine Mischung aus nordamerikanischen Gräsern und Stauden zu pflanzen, ist aber ganz anderer Natur: Mit ihren windbewegten Halmen und leuchtend bunten, aber nie grellen Farben holt man sich ein Stück Wildnis in die urbane Welt zurück. Und nicht nur sich! Viele der Blütenpflanzen sind begehrte Futterplätze für Schmetterlinge und Bienen. Im Herbst finden Vögel in den Fruchtständen Nahrung. Den Gärtner freut der winterliche Anblick der Pflanzensilhouetten. Aber jetzt ist Sommer und die Indianernesseln haben zum Blütengalopp angesetzt.

August

20

21

22

Kerbel einsäen

23

24

Boden lockern

25

26

Aus der Neuen Welt

Wie wäre es, gedanklich ein Staudenlasso kreisen zu lassen? Nordamerikanische Arten bringen Präriegefühl auf jede Sonnenterrasse. Purpur-Sonnenhut *(Echinacea)* steht für Blütenfülle von Juli bis September. Die Farbpalette reicht von Grand-Canyon-Rot über Sonnenuntergangsfarben bis zu Bleichgesichtern. Wer Echinacea bisher nur als Naturmedizin zur Steigerung der körpereigenen Abwehr kannte, wird erstaunt sein, wie positiv sie sich auf die Gartenatmosphäre auswirkt. Prachtscharten *(Liatris)* stehen ihr als robuste Blüten-Brüder zur Seite. Mit der Duftnessel *(Agastache)* fängt man eine reichblühende Präriepflanze von wilder Schönheit ein.

Wilder Westen

Mit Purpursonnenhut *(Echinacea purpurea)* und Prachtscharte *(Liatris spicata)* in der Kiste kann man es sich auf der Terrasse gemütlich machen (3). Die nordamerikanischen Arten sind absolut pflegeleicht. Die Sonnenanbeter tolerieren auch kurzeitigen Schlagschatten von Hauswänden. Je schattiger sie stehen, desto lockerer wird der Wuchs. Volle Sonne fördert den Blütenreichtum. Ihre Korb- und Kerzenblüten nimmt man gerne ins Visier. Die langen, walzenförmigen Blütenstände der Prachtscharten blühen, für Blütentürme ungewöhnlich, von oben nach unten ab. Das magische Farbzusammenspiel der purpurfarbenen Blütenblätter um den orange getönten, dunklen Blütenkegel eines Purpursonnenhuts sieht schon so aus, als stecke darin Heilkraft. Bereits die Indianer nutzten die Heilwirkung des frischen Presssaftes (1). Als Teekraut lässt sich die Minz-Agastache *(Agastache rugosa)* verwenden. Unter den Duftnessel-Arten ist die blauviolette Sorte 'Blue Fortune' eine der ausdauernsten (2).

1

2

Echinacea

In ihrer Heimat nennt man die Stauden mit dem auffälligen Hütchen „Coneflower“ (Kegelblume). Die Ureinwohner Amerikas sprachen vom „Igelkopf“. Auf diesem stacheligen Kegel findet die eigentliche Blüte statt. Bei manchen Sorten färbt er sich kupferfarben. Er lockt die Insekten an. Die farbigen Zungenblütenblätter drum herum sind reine Dekoration. Während die eigentliche Blüte nur etwa 14 Tage währt, halten

die Blütenblätter noch wochenlang. Im Abblühen senken sie sich. Fallen sie schließlich ab, hat sich das Hütchen bereits braun verfärbt. Für Pflanzenfreaks ist das spannend wie ein Western.

Sortenwahl

Der Purpur-Sonnenhut *(Echinacea purpurea)* ist ein Spätsommerblüher, dessen Blütenwirkung sich bis in den Herbst zieht. Dann entfacht er mit Glattblatt-Astern wie der 'Schönen von Dietlikon' ein Feuerwerk der Farben (1). Von der Wildart sind in neuester Zeit zahlreiche Sorten entstanden. Ein Zuchtziel können waagerecht stehende Blütenblätter sein, wie sie 'Purity' zeigt (2). Das Gegenteil stellen viele Wildarten zur Schau. Der Seltsame Scheinsonnenhut *(Echinacea paradoxa)* sticht durch hängende Blütenblätter und seine leuchtend gelbe Blütenfarbe heraus (3). Von beeindruckender Farbtiefe ist der Purpur-Sonnenhut 'Fatal Attraction' mit einem dunklen Stiel (4). Ganz neue Töne schlagen Sorten an, deren Namen so passend wie 'Mac N'Cheese' gewählt sind (5). Kürbisorange leuchtet 'Tiki Torch' (6).

Biergartenkultur

Man stelle sich einen heißen Sommertag in Bayern vor. Die Biervorräte gehen zur Neige. Da taucht eine Schar Radlfahrer auf. Was wird ein Wirt tun? Die Durstigen in den Garten bitten, das verbliebene Bier mit Zitronenlimo strecken und ihnen als Radlermaß servieren. So ähnlich lautet die Geschichte über die Erfindung des Radlers. Eine Legende! Das erfrischende Mixgetränk, in Variationen mit dem Norddeutschen Alsterwasser vergleichbar, soll in den Münchner Radlerclubs gegen Ende des 19. Jahrhunderts aufgekommen sein.

Versetze man sich also – viel authentischer – in die Lage eines bayrischen Biergartengastes: „Wie sind die Biergärten doch so zünftig für uns eingerichtet worden", denkt man sich und genießt es im Schatten der Kastanienbäume zu sitzen oder sich über den knirschenden Kies schreitend, ein Schmankerl aus der Küche zu holen. Falsch, sagt der Historiker. Bäume und Kies waren für das Bier da. Unter dem Baumschatten und der dicken Kiesschicht blieb das in den darunter liegenden Kellern gelagerte Fassbier im Sommer kühl. Erst setzten sich die Arbeiter jener Lagerkeller mit ihrer Brotzeit und einem Bier unter die Bäume. Dann legte der ein oder andere Bierträger – das für zuhause bestimmte Bier transportierte man im frisch gezapften Seidel – eine kurze Rast ein. Dabei konnte es passieren, dass der Krug schneller geleert war, als der Heimweg gedauert hätte. Die Bierbrauer witterten ein Geschäft. Sie stellten rustikale Tische und Bänke auf und zapften ihr Lager an. Die Brotzeit darf man bis heute dazu mitbringen. Eine andere pfiffige Idee ist der Biergarten in den eigenen vier grünen Wänden. Saison von Juni bis September.

August

27

28

Kartoffeln ernten

29

30

Rosen kalibetont düngen

31

September

1

2

Ein Prosit der …

… „Griabigkeit“ würde der Bayer sagen. Was damit gemeint ist, versteht man am besten durch Einkehr. Am 4. Januar 1812 erließ König Maximilian I. seine Verfügung zum Fortbestand bayrischer Biergärten. Allein in München entstanden in den folgenden 38 Jahren über 50 große Lagerkeller mit Biergärten darüber.

1

So geht zünftig

Die Tische und Bänke rustikal, die Zusammenkunft gesellig (1), die Speisen selber mitgebracht (2). Das Brotzeitbrett für Obatzten, Nudel- und Wurstsalat und die Tomaten aus dem eigenen Garten hat man auch dabei (3). Aber wenn der Wirt auf der Karte noch was „Guats" zu bieten hat, ist man keineswegs abgeneigt (4). Die Radlermaß und alle anderen Getränke kauft man immer vor Ort.

2

3

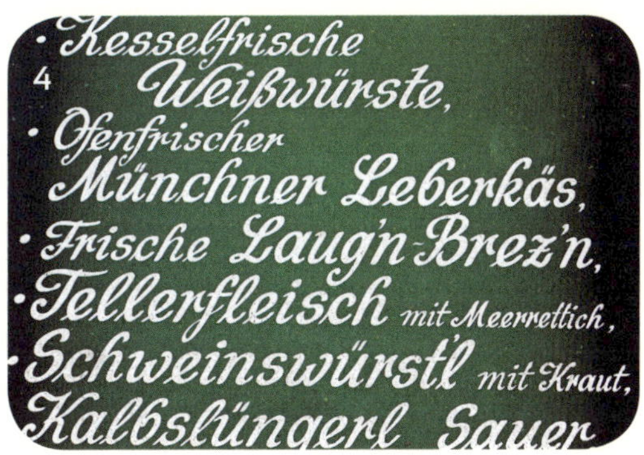

4

Obatzter und Radi

1 Weißer Radi

125 g Camembert (45% Fett, gut durchgereift)
40 g Butter
40 g Quark
1 Zwiebel
viel edelsüßer Paprika
1 Prise Kümmel
Pfeffer

Camembert und Butter vor der Zubereitung aus dem Kühlschrank nehmen. Sie sollten zimmerwarm sein. Den Käse würfeln und mit der Gabel zerdrücken. Mit der weichen Butter und dem Quark gut vermengen. Zwiebel fein hacken, Kümmel mörsern. Mit etwas Pfeffer und reichlich edelsüßem Paprika unter den Obatzten mischen. Radi in hauchdünne Scheiben hobeln oder spiralförmig schneiden. Salzen und etwas ziehen lassen. Der Radi muss „weinen".

Claudia's Nudelsalat

500 g Nudeln
1 Bund Rucola
3 Tomaten
3 EL Olivenöl
3 EL Kürbiskernöl
Kürbiskerne (nach Geschmack)
Salz, Pfeffer

Nudeln al dente kochen, abschrecken und in eine große Salatschüssel geben. Rucola waschen und mit der Schere grob reinschneiden. Tomaten würfeln und hinzugeben. Kürbiskerne mit dem Pürierstab klein hacken. Zutaten mit Öl und Gewürzen vermengen.

Muss man „rot sehen"?

Wer wie die Tomate auf 2500 Jahre Kulturgeschichte zurückblicken kann – mit über 200 unterschiedlichen Sorten allein zu Beginn der Züchtung in ihren Herkunftsländern Mittel- und Südamerikas – den muss es schmerzen, wenn im Supermarkt ein paar rote, runde Normtomaten von fragwürdigem Geschmack übrig geblieben sind. Umso erfreulicher ist es für die „Liebesäpfel", dass ihre Fangemeinde ständig wächst.

Wer seine eigenen Haus- und Hofsorten kultiviert, schöpft jetzt aus dem Vollen. Bis zum Frost reifen kleine rote und gelbe Naschtomaten, grün gestreifte Zebravarianten, eingekerbte Kolosse oder orangefarbene Überraschungen. Schon als die „tumatln", wie die Indios die „Schwellfrucht" mit einem über 90-prozentigem Wasseranteil nannten, in der post-kolumbianischen Zeit mit den Seefahrern Europa erreichten, sorgten sie für Aufsehen. Die Italiener entdeckten als Erste die Vorzüge der leichten Sommerkost mit vielen Vitaminen, Mineralien und Spurenelementen. 1586 vermerkte der Nürnberger Humanist Joachim Camerarius, in Welschland (Italien) würden etliche Menschen diese Früchte essen. Er hielt sie wie die meisten in Nordeuropa für „ein ungesunde Speiß". Viele der Nachtschattengewächse mit ihrem giftigen Solanin in den unreifen Teilen, wusste man damals nicht zu handhaben. In Frankreich wurde 1760 zu einem denkwürdigen Jahr für die Tomate. Erstmalig wechselte sie in den Samenkatalogen von der Rubrik Zierpflanze zum Gemüse. Nach der Kostprobe im eigenen Garten wird man sie zur Delikatess-Frucht upgraden.

September

3

4

5

Herbstpflanzzeit beginnt

6

7

Feldsalat und Spinat aussäen

8

9

1
2
3
4
9
7
15
13
11
14

Das Tomaten-Tableau

zeigt einen Form- und Farbquerschnitt durch die breite Palette der Arten und Sorten: Die Zahnradtomate (1) ist nach ihrer kuriosen Form benannt. Goldene Königin (2) ist ein echter „Goldapfel" *(pomodoro)* und gehört zu den ältesten, durchgängig kultivierten Sorten. Die Mexikanische Honigtomate (3) ist eine süß-aromatische Stabtomate; die Birnenförmige Gelbe (4) eine wüchsige Buschtomate. Zu den Vertretern der Eiertomaten (5) zählt auch die Berühmtheit aus Italien San Marzano (6). Sie gilt als eine der besten Konserven-Tomaten. Eiertomaten eignen sich für kräftige Pastasaucen, Suppen und Ketchup. Zu den Gestreiften Tomaten gehören Tigerella (7) mit gelben Streifen auf rotem Grund und Black Zebra (8) als ausgezeichnete Salattomate. Die beliebten Cocktailtomaten, die sich wie Beeren direkt von den Rispen naschen lassen, gibt es nicht nur als rotfruchtige Variante (9), sondern auch in Gelb (10) und als Schwarze Cocktailtomate (11). Kompakt wachsende Buschtomaten wie die ertragreiche Balkonstar (12) sind etwas für Liebhaber saftiger Tomaten. Unter den Wildtomaten findet man rote, klein wie eine Fingerkuppe und kleine gelbe Johannisbeertomaten (13). Die alte russische Persimon (14) steht stellvertretend für die saftig-aromatischen Fleischtomaten. Eine der stark wachsenden ist Ochsenherz (15) in Rot und Gelb, beide von ausgezeichnetem Geschmack.

Sommer-Spaghetti

(4 Personen)

400 g dünne Spaghetti
300 g Cocktailtomaten (darunter einige gelbe)
100 ml Olivenöl „Extra Vergine"
5 Sardellenfilets in Öl
10 in Salz eingelegte Kapern
20 entsteinte schwarze Oliven (Taggiasca)
1–2 Knoblauchzehen
1 Bund Basilikum
geriebener Parmesan oder Pecorino

Die Tomaten entkernen (1) und in Streifen schneiden (2). Kapern, Sardellen und Knoblauch fein hacken. Basilikum in Streifen schneiden, aber einige Blättchen zur Dekoration zurückbehalten (3). Zusammen mit den Oliven in eine kleine Schüssel geben und mit dem Olivenöl bedecken (4). Zugedeckt mindestens drei Stunden im Kühlschrank durchziehen lassen.

Spaghetti nach Anweisung kochen und in einem Sieb abtropfen. Nicht mit kaltem Wasser abschrecken. Die Spaghetti in Tellern anrichten. Sauce und Basilikumblättchen darübergeben und nach Geschmack mit schwarzem Pfeffer und geriebenem Käse würzen.
Wahlweise mit grünen Oliven zubereiten. Dann erhält das Gericht einen intensiveren Geschmack.

Brasilianisch leben

Bevor der Sommer geht, kann man ihn leicht zum Bleiben überreden. In jeder reif gewordenen Tomate, jeder Nuss aus der man Kokoswasser trinkt, kurz jeder Frucht, die unter seiner Sonne reifen durfte, steckt er ja selber drin. Wer kennt das nicht – beim Essen eines Urlaubsgerichts erinnert man sich an den Ort und seine Atmosphäre. „Wenn ich am Strand von Bahia bin", erzählt einer aus Nordbrasilien, „ess' ich Moqueca". Und umgekehrt: „Wenn ich Moqueca esse, denk' ich an weißen Sand und Meer und wie die Wasserfälle aus dem Wald bis auf die Strände stürzen." Mit einer gehörigen Portion Fantasie entdeckt man in der dicht belaubten Hecke seines Gärtchens sogar ein Stück von dieser grünen Lunge. Der Wald im Land der Kakaoplantagen setzt sich aus Kokospalmen, Gummibäumen, Guave, Mango und Avocado zusammen. Mischpflanzung, klar!

Die beste Pflanzzeit hat mit dem Monat September wieder begonnen. Wo es zu eintönig ist, setzt man Farbakzente – bunt wie Havaianas. Ja, auch mit Souvenirs wie diesen Badeschlappen, wandert ein Stück herbeigesehntes Lebensgefühl ein. Der brasilianische Strandläufer schätzt das luftige, leichte Zehensteg-Sandalen-Original, weil es so schnell trocknet, wie es im Wasser nass geworden ist. Klingt ideal, wenn einem Gießwasser aus der Kanne auf die Füße spritzt. An heißen Tagen muss weiter gegossen werden. Fruchtstände, deren Samen man ernten und wieder aussäen will, sollten dagegen möglichst trocken sein.

So wie der Koriander im Balkonkasten, dessen Samen man auch zum Würzen nimmt. Für viele südamerikanische Gerichte dagegen braucht man frischen Blattkoriander.

September

10

11

12

13

Zimmerpflanzen ins Haus räumen

14

15

Winterportulak säen

16

Mit Original-Gewürz

In Südbrasilien stehen Trockenbohnen fast täglich auf dem Speiseplan. Je nachdem, wie viel Zeit man aufwenden will, wird das Grundgericht verfeinert. Die festliche Variante nennt sich „Feijoada“ (nächste Doppelseite). Der Zutatenzettel listet auf, was man dazu beim Metzger besorgen muss (1). Wichtig sind die Gewürze. Steht ein Lorbeerbäumchen auf der Terrasse, pflückt man sich die Blätter frisch vom Baum. Gekocht wird eine große Portion. Das schmeckt herzhafter und reicht gerade für die brasilianische Großfamilie. „Sonntags trifft man sich um elf und geht erst abends wieder nach Hause“, verrät die Südbrasilianerin (2).
Einige Würzkräuter für Originalrezepte bekommt man nicht selbstverständlich im Geschäft um die Ecke zu kaufen. Dem Stadtgärtner ist das Anreiz, Chili und „Coentro“ selbst anzubauen. Coentro ist das portugiesische Wort für Blattkoriander – das weltweit am häufigsten verwendete Würzkraut. Frisch gehört er in die „Moqueca“, wie sie die Familie der Brasilianerin aus Bahia isst (3).

1

2

3

Viva Brasil

In Brasilien kann man immer auf der Terrasse sitzen. Hierzulande wird das Draußensein mit jedem noch schönen Tag kostbarer. Wo Freunde und Familie zusammenkommen, steht brasilianische Gastfreundschaft und Geselligkeit Pate. Im Herkunftsland des Zuckerrohrschnapses wird der Gastgeber erst einmal einen Caipirinha anbieten. „Caipi", den man alkoholfrei mit Ginger Ale reichen kann, gehört in ganz Brasilien dazu. Was die Küche von Norden bis Süden zu bieten hat, regt ebenfalls zur Nachahmung an.

Pfefferbeißer, Knoblauchwurst und 100 g Speck in mundgerechte Stückchen schneiden (1) und mit den Spareribs (sie dürfen nur so groß sein, dass sie später in den Topf mit Bohnen passen) im Ofen grillen.
Weitere 100 g Speck in Würfel schneiden und mit den Zwiebelwürfeln anbraten. Samt Knoblauchzehen zu den über Nacht eingeweichten Bohnen in einen Topf geben, mit Wasser auffüllen und mit den Lorbeerblättern weichkochen.
Gegrillte Fleisch- und Wurststücke und ganze Chili dazugeben. Salzen und Pfeffern. Bei kleiner Flamme solange wie möglich kochen, mindestens vier bis fünf Stunden. Besser über den ganzen Tag. Je länger man die Fejoada kocht und je dickflüssiger sie wird, umso besser schmeckt sie. Dabei immer wieder warmes Wasser nachgießen, so dass die Zutaten bedeckt sind und mit einem Holzlöffel umrühren.
Gegen Ende der Garzeit die Beilagen zubereiten: Kleine Zwiebel hacken und die restlichen 100 g Speck in Würfel schneiden. Beides in Olivenöl anbraten. Maniokmehl dazugeben, nach Geschmack salzen und unter ständigem Wenden etwa 10 Minuten langsam rösten lassen (2). Das Maniokmehl soll braun werden, darf aber nicht anbrennen. Die Beilage kann auch kalt serviert werden.
Orangen schälen und in einzelne Scheiben teilen.
Kohlrabiblätter waschen, trockentupfen und in Streifen schneiden. Mit Butter und Knoblauch in der Pfanne anbraten und etwa 10 Minuten garen (3).
Zu der Fejoada und ihren Beilagen kann man Reis servieren (4).

Fejoada da Barbara

(6 Personen)
500 g Spareribs
200 g Pfefferbeißer
200 g Knoblauchwurst
300 g Speck (geräuchert)
1 kg schwarze Bohnen (über Nacht eingeweicht)
3–6 Chili
4–6 Knoblauchzehen
2 große Zwiebeln (klein gehackt)
5 Lorbeerblätter
2 Orangen
300 g Maniokmehl
1 kleine Zwiebel
1 EL Olivenöl
ca. 20 Kohlrabiblätter (wahlweise Grünkohl)
2 Knoblauchzehen gepresst
etwas Butter zum Anbraten
Salz, Pfeffer

Moqueca da Eline

(4 Personen)
6 Kabeljaufilet (oder ähnlich fester Fisch wie Rotbarsch und Seelachs)
4 EL Palmöl (flüssige Variante)
1 große Zwiebel
je 1 rote und grüne Paprikaschote
3 Tomaten
150 ml passierte Tomaten
400 ml Kokosmilch
Saft von einer Limette
1 Knoblauchzehe (gepresst)
1 Bund Blattkoriander
Salz und Pfeffer
Maniokmehl

Von den Zutaten (1) den Fisch am Vortag mit Limettensaft, etwas Blattkoriander und Salz marinieren. Am nächsten Tag die Tomaten, Paprika und Zwiebel in Ringe schneiden (2). Restlichen Blattkoriander waschen und hacken, Knoblauch pressen. Das Palmöl in einem Topf erhitzen und die Zwiebelringe glasig mit dem Knoblauch dünsten (3). Nun die Fischfilets darüberschichten. Anschließend mit den passierten Tomaten und der Kokosmilch aufgießen (4). Mit Salz, Pfeffer und Blattkoriander nach Belieben würzen (5). Das Gericht bei geschlossenem Deckel für ca. 5 Minuten kochen lassen. Zum Schluss die Tomatenscheiben und Paprikaringe darüberlegen (6) und das Ganze noch einmal für ca. 10 Minuten ruhen lassen. Auf keinen Fall umrühren, um die Schichten zu erhalten.
Die Beilage Pirao wird aus der Soße der Moqueca hergestellt, indem man die Soße mit Maniokmehl im Verhältnis 1:2 zu einem Brei verrührt.
Serviert wird die Moqueca mit Reis und Pirao.

Auf Beerenjagd

Was haben Beeren und Bären gemeinsam? Sie kommen beide aus der Wildnis. Früh hat der Mensch erkannt, dass man die Beerenbüsche domestizieren kann. Doch mit den kleinen Früchten vom Weg- und Waldesrand wollte die Züchtung sich nicht zufrieden geben. So findet man heute eine bärenstarke Auswahl an großen aromatischen Him- und Brombeeren für den Hausgarten. Es ist nicht nur der vollmundige Geschmack der gesunden Naschfrüchte, der uns zum Beerenpflücken animiert. Wer beobachtet hat, wie Kinder frisch gezupfte Himbeer-Hütchen auf jeden ihrer Finger setzen und dann von der Hand in den Mund leben, der weiß was Sammlerglück bedeutet.

Herbst-Himbeeren haben den Vorteil, dass die Maden des Himbeerkäfers dem Sammler die Beute nicht streitig machen. Im Gegensatz zu Sommerhimbeeren reifen sie von Mitte August bis in den November – zu spät für den schädigenden Käfer. Gegen die Rutenkrankheit sind sie gefeit, weil man die abgetragenen Triebe im Spätherbst bodentief kappt. Die im Frühjahr frisch austreibenden Ruten kommen ohne Gerüst aus. Und selbst im Kübel fruchtet die Königin der Beeren: zwei Ruten für einen Fünf-Liter-Eimer.

Den Brombeerbüschen dagegen muss man fast schon eine Art Raubtierkäfig bauen, aus Drähten gespannt oder als stabiles Spalier. Nicht jeder ist gewillt, bei der Ernte gegen die stacheligen Triebe zu kämpfen. Sind es auch keine Krallen einer Bärentatze, steigt mancher doch lieber auf stachellose Sorten um – selbst wenn das unvergleichlich brombeerige Aroma damit verloren geht.

September

17

18

19

Kübelpflanzen umtopfen

20

21

Herbstflor im Topf arrangieren

22

23

Im Abgang vollmundig

Am schönsten ist es, von einer Tour mit „Beute“ heimzukehren. Viele Gegenden haben ihre regionalen Spezialitäten. Bringt man sich die jeweiligen Delikatessen mit, kann man dem „Terroir“ nachspüren – jener Mischung aus Standort, klimatischen Einflüssen und Kulturmaßnahmen, die den Charakter einer Frucht prägen. Wie bei der Weinprobe, kann man sich einen Spaß daraus machen, das Geschmackserlebnis zu beschreiben. Das ist doppelt so lustig, wenn man das Erlebnis mit anderen teilt. Anlass: Beerenlese!

1

2

3

Souvenirs verköstigen

Zum „Heute treffen wir uns draußen"-Event ist der Rote Moselweinbergspfirsich als Pfirsecco auf der Kiesbank eines Gebirgsflusses gelandet. Eine andere Entdeckung könnte der Aperitiv Essig sein (1). Wenn er nicht gerade den Salat oder ein Dessert verfeinert, nimmt er es beim Sektempfang mit Sirup und Likören auf. Aperitivs werden gerne mit Beeren gereicht. Wen es nach einem beerenstarken Zuckerwerk gelüstet, dem sei eine Beeren-Torte empfohlen (2). Wilde Früchtchen eigenen sich für Füllung wie Verzierung. Aus den frisch gepflückten Brombeeren bereitet man eines der besten Beerengelees (3) – wenn sie nicht schon längst weggenascht sind.

Torroneparfait auf Beerenjus

Ein paar ganze Beeren zur Dekoration beiseitelegen. Restliche Zutaten für die Fruchtsauce aufkochen, pürieren und absieben. Torronekonfekt im Mixer zerkleinern. Mascarpone, Joghurt und Puderzucker mit einem Schneebesen aufschlagen. Sahne steif schlagen und samt dem zerkleinerten Torronekonfekt darunterziehen.
In Förmchen füllen und mindestens 2 Stunden gefrieren lassen. Stürzen (dazu Förmchen in heißes Wasser tauchen) und auf Fruchtsauce und Beerenfrüchten anrichten.

Tipp: Am besten eignen sich zum Stürzen Aluförmchen, da diese die Hitze gut leiten.

100 g (hartes) Torronekonfekt
(italienisches Eiweiß-Nuss-Konfekt)
1 Becher Mascarpone
2 Becher magerer Joghurt
80 g Puderzucker
1 Becher Schlagsahne

Für die Fruchtsauce
Himbeeren und Brombeeren (ein paar ganze Beeren zur Dekoration beiseitelegen)
Rotwein (nach Geschmack)
Zucker (300 g auf 1 kg Früchte)

Mascarponecreme mit Beerenhut

1 Becher Mascarpone
2 Becher magerer Joghurt
oder 250 g Magerquark
80 g Puderzucker
Amarettini
1 Tasse Espresso

Mascarpone, Joghurt und Puderzucker mit dem Schneebesen cremig rühren.
Amarettini zerbröseln und den Boden kleiner Glasförmchen (Mini-Weck-Gläser) damit bedecken. Mit Espresso beträufeln und die Creme einfüllen.

Einige Stunden kalt stellen und mit Himbeeren servieren.

Fachkraft Gras

Viele könnten sich auf diese Stellenausschreibung bewerben. Besetzen muss man sie mit Gräsern: Sie sind eine kreative und tatkräftige Persönlichkeit mit überdurchschnittlichen Leistungen. Seit dem bodennahen Rückschnitt im März konnte man der Raum bildenden Wirkung eines aufwachsenden Chinaschilfs zusehen. Wie Rutenhirse, Reit- oder Pfeifengras wandeln sich die grünlaubigen Säulen mit der Herbstfärbung zu schillernden Charakteren.

Die Bereitschaft zur Zusammenarbeit wird vorausgesetzt. So gibt es kaum eine Pflanze, die wirkungsvoller zwischen Prachtstauden und untergeordneten Pflanzgruppen vermittelt. Die moderne Architektur wissen Gräser mit all ihren Ecken und Kanten zu nehmen. Schopfartige Wedel bilden einen spannungsreichen Kontrast zu Formalem und lassen vermeintliche Gegensätze fließend ineinander übergehen.

Gewandtes Auftreten mit einem hohen Maß an Flexibilität ist für sie selbstverständlich. Da mag ruhig ein rauer Wind durch den Garten wehen. Gräser passen sich dem Luftzug an, ohne ihren Standpunkt zu verlieren. Aus dieser unerschütterlichen Beweglichkeit ließe sich erklären, warum sie für ein Gefühl von Freiheit stehen.

In jedem Fall bringen sie Experimentierfreude und Gestaltungsfähigkeit mit. Der fächerartige Aufbau verschleiert Plätze und Gartenpartien auf geheimnisvolle Weise. Das erhöht den Reiz, die halbtransparenten Räume Stück für Stück zu entdecken. Sie haben strategische Führung zu verantworten. Dabei geht ihnen kein brüllender Befehl über die Lippen, sondern nur ein leises Rascheln und Flüstern. Verständlich, dass es ohne Gräser nicht mehr geht.

September

24

25

26

Zweijährige an endgültigen Platz pflanzen

27

28

Empfindliche Kübelpflanzen bei Nachtfrost einräumen

29

30

D'Ëmwelt
schouner ass fir
VALORLUX

Gräser

Gräser kommen auf der ganzen Welt von den Bergen bis an die See vor. Sie bevölkern Wälder und Sümpfe ebenso erfolgreich wie Steppen und Wüstengebiete. Genauso halten sie es im Garten. Für den Problembereich Schatten wissen Schattengräser Rat. Zahlreiche Seggen *(Carex)* und Marbeln *(Luzula)* decken den Boden. In Topfarrangements hat man ihr Talent bereits erkannt. Sorten mit weißem Blattrand oder gelbem Laub hellen auf und sorgen für Abwechslung. Noch größer wird die Auswahl in halbschattigen Lagen. Hier kommen Pfeifengräser *(Molinia)* dazu.

In voller Sonne trumpfen die „warm season"-Gräser auf. Sie entwickeln sich in der „warmen Saison" zu imposanten Horsten. Man könnte meinen, hohe Gräser wie Chinaschilf *(Miscanthus)*, Reitgras *(Calamgrostis)* und Rutenhirse *(Panicum)* seien zu wuchtig für Stadtgärten. Doch ihre Transparenz macht sie selbst im Balkonkübel zur gefragten Persönlichkeit. Einsteiger probieren es mit einjährigem Federborstengras 'Rubrum' *(Pennisetum setaceum,* vorhergehende Seite).

Vielfältig nutzbar

In der Küche sind Gräser in Form von Getreide alte Bekannte. Eine Neuentdeckung ist das Zitronengras *(Cymbopogon citratus)*. In der Pflanztasche mit Spinnenpflanze 'Seniorita Benita' und Gundermann 'Variegata' liefert es frisches Zitronenaroma (1). Es muss frostfrei überwintert werden. Chinaschilf *(Miscanthus sinensis)* ist winterhart. Im gemeinsam genutzten Stadtgarten zieht es transparente Wände an der Terrasse ein (2). Für absonnige Lagen gehört Japan-Goldbandgras 'Aureola' *(Hakonechloa macra)* zu den Highlights (3).

2

3

Gemüse süß-sauer

(3 Personen)
1 Stange Lauch
3 Möhren
1 rote Paprika
5 Blätter Chinakohl
2 Frühlingszwiebeln
Zitronengras
7 EL Olivenöl
4 EL Zucker
5 EL Essig
5 EL Soja-Sauce
1 EL Mehl

Gemüse waschen. Chinakohl, Möhren und Paprika in Streifen schneiden, Lauch und Frühlingszwiebeln in Ringe, Zitronengras in Stücke (1). Alternativ: Größere Stücke Zitronengras wie Lorbeerblatt mitkochen und vor dem Servieren herausfischen. Flüssige Zutaten bereithalten (2). Öl im Wok erhitzen, Zitronengras zugeben, mit einem Esslöffel Soja-Sauce ablöschen. Zucker darüberstreuen, einige Male umrühren. Restliches Gemüse zugeben. Essig und Soja-Sauce darüberschütten (3). Unter Umrühren bissfest garen. Etwas Mehl darüberstäuben und eindicken lassen.
Mit Basmatireis servieren.

Gärtnerpassion

Zu der Frage, ab wann man von einem leidenschaftlichen Gärtner spricht, gibt es eine Geschichte. Sie handelt vom Gärtner Veitch, dessen Name im Rankgewächs des Wilden Weins 'Veitchii' verewigt ist. Stets auf der Suche nach neuen Pflanzen war er auf einer Ostindien-Expedition mal wieder fündig geworden. 7000 Zwiebeln! „Ausspaten!" befahl der englische Pflanzenjäger. Die Beute war fast vollzählig aus dem brüchigen Gestein gelöst und auf den Maultieren vertäut worden, als ein Felsblock herabstürzte. Veitch erwischte es bös am Bein. Er kam auf dem Pfad zu liegen. „Zuerst die Lilien!", soll er mit schmerzverzerrtem Gesicht gestöhnt haben. Dann ließ er 50 Tragetiere über sich hinwegtrampeln, bis er, auf dem letzten Maultier festgebunden, seiner Genesung entgegenritt. Ziel des Gärtnerwesens kann natürlich nicht Leidenschaft sein, die Leiden schafft. Wohl aber das „Ausgraben": Der Herbst ist eine gute Zeit Stauden und Gehölze umzupflanzen.

Eingegraben werden um diese Zeit alle Zwiebelblumen, die im Frühjahr blühen. Das große Plus aller Bollen und Knollen ist ihr Lückenfüller-Talent. Bis die Stauden in die Gänge kommen und das Gemüse wächst, füllen sie die kahlen Stellen. Ausgezeichnet machen sie sich in Zwischenräumen. Senkt man sie in Töpfen ein, kann man sie nach dem Blütenspektakel sogar herausnehmen und bis zur erneuten Herbstpflanzung kühl und trocken lagern. Die alte Bulben-Sammlung wird einen nicht davon abhalten, jetzt im Handel auf Zwiebelschatz-Expedition zu gehen. Muss man wegen der vielen Neuentdeckungen in Kübel ausweichen, könnte man von Leidenschaft sprechen.

Oktober

1

2

3

Pflanzzeitbeginn für wurzelnackte Rosen und Gehölze 4

5

Nistkästen reinigen und als Winterrückzug hängen lassen 6

7

Zwiebelblumen setzen

Die Größe der Zwiebel gibt die Pflanztiefe vor. Als Faustregel gilt: Zwiebel dreimal so tief setzen wie sie dick ist. Minis wie Krokusse sollten nicht viel tiefer als 5 Zentimeter stehen und Maxis mit Vertretern unter den großblumigen Tulpen nicht tiefer als 20 Zentimeter.

Die meisten Zwiebelblumen für den Garten bewähren sich auch im Topf. In großen Gefäßen kommt die Lasagne-Methode zum Zug. Dazu schichtet man mehrere Arten, die nacheinander blühen, in Etagen übereinander. Je früher man die Zwiebeln in der Pflanzsaison von Ende August bis zum Frost setzt, desto tiefer sollten sie liegen. Das verhindert verfrühten Austrieb. Beste Startbedingungen gibt man den unkomplizierten Blütenwundern durch lockere Pflanzerde und einen guten Wasserabzug. Die meisten Zwiebelblumen stammen aus Regionen mit Trockenzeiten. Um sie vor Nässe zu schützen, gibt man eine Drainageschicht in jeden Topf und eine Hand voll Splitt oder Sand ins Pflanzloch.

3

Schatzgräberstimmung

Es ist immer wieder faszinierend, wie aus einer vergrabenen Zwiebel in vier bis sieben Monaten eine blühende Schönheit sprießt. Mit weißen Blütenbällen wird die Zwiebel des Kugelzierlauchs 'Mount Everest' *(Allium*-Hybride*)* im Juni auftrumpfen (1). Niedrigere Zierlauch-Arten eignen sich wie botanische Tulpen für den Topf. Bei Tulpenzwiebeln ist es einfach, sie richtig herum zu legen. Man erkennt die Spitze (2).

Als Startdünger gibt man Hornspäne dazu. Die Töpfe überwintert man mit Reisig abgedeckt und vor Regen geschützt, möglichst nah an der Hauswand.

Auf engstem Raum lassen sich mit Zwiebelblumen jedes Jahr neue Farbkombinationen pflanzen. Für die kommende Saison könnte es die Gefüllte Späte Tulpe 'Angelique' mit der Triumph-Tulpe 'Negrita' sein (3).

Goldener Oktober

In einem Pub in England würden sie jetzt „last order" sagen. Im Garten geht die Bestellung ebenfalls in die letzte Runde. An der Früchtetheke: unreife Tomaten abnehmen und im Haus nachreifen lassen. Auch andere Nachtschattengewächse wie Paprika und Auberginen einsammeln. Die Restbestände der Andenbeere schält man aus ihren papierartigen Lampions und bringt noch einen Toast auf ihre gelben Murmelfrüchte aus. Kaum eine Köstlichkeit war einfacher in der Kultur.

Zur Ernte kommen auch die Giganten. Glücklicherweise gibt es Kürbisgewächse in kleinen Varianten für die Balkonkultur – nicht zu verwechseln mit der „spontanen Verlustmutation". Die ereignete sich im 19. Jahrhundert in der Steiermark und ist ein Beispiel dafür, wie der beschenkt wird, der sich im Garten plagt, und sich mit etwas abgibt, für das ein anderer keinen Finger krümmen würde: Der Gartenkürbis *(Cucurbita pepo)* war mit der Kartoffel aus Amerika eingeführt worden. Er galt als Armeleutekost. Die überlebenserprobten Kleinbauern der Südoststeiermark erkannten seine Qualitäten. Sie nährten sich und ihr Vieh vom Fruchtfleisch. Die Kerne

buken sie in ihre Brote, und kamen drauf, dass man daraus auch Öl schlagen kann. Mühsam entfernten sie dazu die Schale um die Kerne. Eines Tages – als wollte die Natur dem helfen, der ihre Gaben zu schätzen wusste – waren auf den Feldern der armen Bauern Abarten entstanden. Anstelle dicker Schalen trugen die Kerne nur noch eine dünne, dunkelgrüne Haut. Man taufte das Geschenk Steirischer Ölkürbis *(C. pepo L.* convar. *Citrullina* var. *styriaca)*. Und wer ein daraus gewonnenes Kernöl im Haus hat, der wird gewiss seinen ersten Feldsalat für diese Saison damit beträufelt servieren.

Oktober

8

9

10

11

Wintersteckzwiebeln stecken

12

13

Kiwi ernten

14

Das Gericht kann auch mit anderen Kürbisarten zubereitet werden. Hokkaido-Kürbis (1) eignet sich wegen seines nussigen Aromas besonders gut. Hokkaido-Kürbis waschen, Kerne aushöhlen (2) und ungeschält in Stücke schneiden. Karotten schälen und würfeln (3). Gemüse mit Gemüsebrühe gar kochen.

In der Zwischenzeit den Ofen auf 210 °C vorheizen. Minicocottes-Töpfchen einfetten.

Ingwer in Stücke schneiden (4). Schnittlauch waschen, in Ringe schneiden. Einige Röllchen zur Dekoration zur Seite legen.

Eier, Sauerrahm und Olivenöl verquirlen (5).

Gemüsebrühe des fertigen Kürbis-Karottengemüses abgießen und mit Apfelsaft zu einem Brei stampfen. Brühe nach Bedarf zugeben, so dass ein weiches Püree entsteht. Eiermasse unterrühren, Ingwer(6) und Schnittlauch zugeben. Mit Salz, Pfeffer und Muskatnuss würzen. Die Masse in die feuerfesten Förmchen füllen und in den Ofen schieben. Nach 15 Minuten Temperatur auf 180 °C runterschalten und weitere 10–15 Minuten backen. Mit Feldsalat und Tomaten-Salsa-Sauce servieren.

Kürbis-Karotten-Flan

(4 Personen)
500 g Hokkaido-Kürbis
150 g Karotten
500 ml Gemüsebrühe
4 TL Apfelsaft
1 Stück Ingwerwurzel
3 Eier
200 g Sauerrahm
1 TL Olivenöl
½ Bund Schnittlauch
Muskat, Salz, Pfeffer
Butter zum Einfetten

Obst auf wenig Raum

Spalier kann Architekturdesign. Keine andere Obstgehölzform hat den Leitsatz „form follows function" – die Form folgt der Funktion, derart verinnerlicht. Bis in den kleinsten Garten lautet der Auftrag: Obstanbau ist erwünscht. Doch für ausladende Bäume fehlt der Platz. Wärme liebende Arten sollen auch in ungünstigen Klimalagen gedeihen. Zum Zuge kommt die spezielle Form der schmalen Astausrichtung und die Fähigkeit besonnter Wände, Wärme zu speichern und abzugeben.

Die Vorzüge des Spaliers hatte man bereits im 18. Jahrhundert erkannt. Adels- und Königshäuser wiesen ihre Obstgärtner an, die Spalierkunst zu optimieren. Die besten brachten es bis zur streng geometrisch abgewinkelten Palmette, die sich über viele Etagen zieht. Nun zeigte sich erst recht: Ein Spalier spendet nicht nur Obst, sondern sieht auch schön aus. An alten Bauernhäusern kann man die Wertsteigerung der nützlichen Fassadenbegrünung großflächig bewundern. Die Anordnung der Fenster und Balkone gibt den Weg des Spaliers vor. Was auf dem Land geht, funktioniert auch in der Stadt. Südwände bieten sich für Weinreben an. Birnen fruchten an Süd-, Südost- und Südwestwänden. Quitten und fächerförmig gezogene Pfirsiche und Aprikosen wollen gen Osten blicken. Äpfel kommen für West- und Ostwände infrage, werden aber auch gerne als freistehendes Spalier mit der Funktion eines Raumteilers aufgestellt. An der Gartengrenze steht Beerenobst Spalier.

Wie überzeugend sich nach dem Setzen des pyramidal-, fächer- und u-förmig gezogenen Spalierobstes nun umgekehrt aus der Form ihre Funktion ableiten lässt, hängt vom richtigen Schnitt ab. Der entscheidet darüber, wie gut das Spalier Früchte trägt.

Oktober

15

16

17

Laub rechen

18

19

Kübelpflanzen einräumen

20

21

In Versuchung geführt

Früchte färben schöner aus, wenn man beschattende Blätter um das Obst entfernt. Umgekehrt kann man sich gezieltes Bleichen zunutze machen. Ein „Herz“ für Äpfel ist mittels Schablonen aus dünnem Papier auf ‘Gloster’ (1) gedruckt worden. Die rote Sorte eignet sich dafür. In der Wachstumsphase wird die Frucht verhüllt. Etwa sechs Wochen vor der Ernte befestigt man mit Gelatine ein Motiv oder Logo. Die verdeckten Partien färben nicht aus. Das Schattenbild zeichnet sich ab. Birnen lieben es sonnig. Täglich sechs Stunden Sonne in der Saison sind Voraussetzung für ein Birnenspalier (2). Die Kunst des Spaliers ist die einfachste Form Platz zu sparen, aber die schwerste in Aufbau und Schnitt. Kurse helfen weiter.

Wer sich unter den vielen Apfelsorten nicht entscheiden kann, lässt mehrere Sorten auf einen Baum pfropfen (3).

Frisches Obst

Kleinkronige Obstbäume lassen Stadtgarten-Bewohner in den Genuss eigener Äpfel und Birnen kommen. Jetzt ist die Zeit des Erntens und die des Obstbaum-Pflanzens. Auf wenig Raum wählt man Bäume mit schwachwüchsiger Unterlage. Bei Äpfeln beispielsweise heißen die M9 oder M26. Birnen machen sich als Spindelbusch zum Spalier gezogen schmal. Um Früchte anzusetzen, sind beide auf Fremdbestäubung angewiesen. Steht kein geeignetes Obstgehölz in der Nachbarschaft, muss man für einen Pollenspender sorgen. Das kann eine zweite Sorte auf einem Baum sein.

Feuer und Flamme für den Herbst

Im Stadtgarten hat ein Politikwechsel stattgefunden. Vor kurzem war man noch von lauter Grünen umgeben. Jetzt entpuppen sich Ahorne als Rote. Die Zaubernuss schließt sich der gelben Fraktion an. Fothergilla paktiert mit beiden und Zwerg-Kranzspiere kommt in ihren Orangetönen wie ein Pirat daher. Entblättert sind ihre Silhouetten alle schwarz. Doch erst mal lebt die bunt zusammengewürfelte Laubgehölzkoalition vor, in welche Richtung es energiewirtschaftlich geht: Recyclen kommt vor dem Fall. Man muss sich das Blattgrün wie eine Photovoltaikanlage vorstellen. Sonnenlicht wird in Energie umgewandelt. Mit der Wintersaison droht ihr das Aus. Also geht die Blätterwirtschaft hin, zieht alle Gewinne aus dem Unternehmen und legt sie verschleiert an. Konkret heißt das, die Blattgrün-Produktion wird eingestellt, wieder verwertbare Anteile im Speichergewebe von Stamm und Wurzel werden eingelagert, und im nächsten Jahr beim Neuaustrieb reinvestiert. Dadurch treten Farbstoffe wie Carotinoide, bekannt von der Karotte, und Anthocyane, wie rote Trauben sie enthalten, zutage. Das Ganze erklärt sich durch biochemische Prozesse.

Doch wer will schon die naturwissenschaftliche Variante der Herbstfärbung hören, wenn er die literarische haben kann: „Die Blätter fallen von den Bäumen, Das Grün verwandelt sich in Gelb.“ So schreibt es Robert Walser in seinem Gedicht über den Monat von dem er meint „Oktober hat ein freundliches Gesicht“, um gleich zu fragen: „gleicht er nicht einem feinen, vornehmen Herrn, schenkt er dir nicht Äpfel und Birnen und die saftgen Trauben und Nüsse?“ Im Garten ist man gut beraten, den Sträuchern ebenfalls etwas zu schenken. Wenn möglich, sammelt man das anfallende Laub, verteilt es unter den Hecken oder mischt es unter den Kompost.

Oktober

22

23

24

25

Unreife Tomaten kopfüber aufhängen und ausreifen lassen

26

27

Kürbis vor den ersten Frösten ernten

28

Wer kennt wen – ein Suchbild

In einem goldenen Herbst lässt sich dieser Tage ein Erntedankfest feiern. Aus allen Ecken und Enden trägt man ein Potpourri aus Körnern, Kräutern, Obst, Gemüse und Blüten zusammen. Darunter könnten sein: Sonnenblumen (1) – ein beliebtes Vogelfutter, das man den zwitschernden Freunde als „Pick-In" auf Balkon und Terrasse legt. Die breitblättrige Salbeisorte 'Berggarten' (*Salvia officinalis*) (2), deren aromatisch graulaubige Blätter sich für Saltimbocca, als Teekraut, wenn die Erkältungszeit droht, und als Manchette um den herbstlichen Blumenstrauß eignet. Apfel, von dem es mit 'Mini-Cox' (*Malus domestica*) (3) eine echte genetische Zwergform

gibt, Mispeln (4), die erst genießbar sind, wenn sie Frost bekommen haben und unreif als Dekofrüchte dienen, sonnengereifte Brombeeren (5), deren Blätter sich bereits malerisch rot gefärbt haben, Hagebutten (6), Quitten (7), deren kleinkronige Varianten selbst im Stadtgarten den einmaligen Duft der samtig gelben Früchte und daraus gewonnenes Gelee ermöglichen, die letzten Walderdbeeren (8) zum Naschen.

Das herbstliche Gemüsesortiment hat in einem milden Jahr noch Auberginen (9), Petersilie (10), Basilikum (11), Kapuzinerkresse (12), Lauch (13) und Schnittlauch (14) zu bieten.

Im Beet leuchtet der letzte Mangold (15). Rotlaubige Salatköpfe (16) halten tieferen Temperaturen besser stand als grüne Exemplare (17).

Ab ins Winterquartier

Wenn der Klick auf die Wetterprognose Nachttemperaturen um die 5 °C anzeigt, schrillen bei allen Überwinterungsanwärtern die Alarmglocken. Die Chancen, wertvolle Kübelpflanzen anderer Klimazonen gut über den Winter zu bringen, stehen und fallen nicht zuletzt mit dem richtigen Zeitpunkt des Einräumens. Beim Blick auf die Wetterkarte würde so mancher Oleander, Olivenbaum und die *Bougainvillea* um diese Zeit lieber auf Mallorca sein. Doch Sackkarren und andere Tragedienste stehen nur für die Abfahrt ins Winterquartier bereit: Lorbeer, Rosmarin, Myrte und Zitronenverbene finden im lichtdurchfluteten Flur oder anderen hellen, kühlen Räumen bis maximal 10 °C, Oliven bis 15 °C, ihren Winterplatz. Sie alle vertragen kurzfristige Minustemperaturen im einstelligen Bereich. Da Winterquartiere meist nicht optimal sind, räumt man sie so spät wie möglich ein. Optimal wäre es, die Pflanzen in kalten Nächten zu schützen und tagsüber wieder ins Freie zu stellen, bis auch die Tagestemperaturen entsprechend absinken. Nennen wir es Inversionslage. Der Handel hat darauf mit Rollbrettern reagiert, auf denen die schweren Kübelpflanzen beweglich bleiben. Kübelpflanzenspezialisten bauen mit Glasbauten vor.

Die Lichtverhältnisse entscheiden über Hoch und Tief: Je dunkler ein Überwinterungsquartier ist, umso kühler muss es sein. Je höher die Temperaturen in einem Raum sind, umso mehr Licht brauchen die Pflanzen. Wetterpatenschaften übernimmt man mit der Gießkanne. Überschwemmungen, wie sie Sturmtiefs mit ersteigerten Vornamen produzieren, sind zu vermeiden. In der Überwinterungsphase ist zu trocken besser als zu nass.

Oktober

29

30

31

Gartenmöbel einwintern

1

November

2

Grünkohl nach den ersten Frösten ernten

3

4

Überwintern

Die schönen Tage im Olivenhain sind gezählt. Kurzfristig kann man viele empfindliche Kübelpflanzen in Nächten um den Gefrierpunkt noch mit Frostschutzvlies abdecken. Langfristig brauchen sie ein Winterquartier. Manche Gärtnereien bieten einen Überwinterungsservice an.
Winterfeste Gehölze und Stauden überwintern im Beet problemlos. Auch im Kübel bleiben sie draußen stehen. Sie sind jedoch frostgefährdeter als ausgepflanzte. Die Frosthärte im Topf lässt sich mit dickwandigen Gefäßen aus hoch gebranntem Terrakotta verbessern. Das Restrisiko dämmen „Winterwickel" ein (siehe Seite 237). Damit das Wasser ablaufen kann, legt man Abstandshalter unter die Töpfe. Wenn möglich, rückt man den Topfgarten unter Dach an die Hauswand.

Fällt das Thermometer

zeigt sich einmal mehr, dass die Wahl der Kübelpflanzen wohl überlegt sein will. Olivenbäumchen und *Bougainvillea* (3) brauchen wie alle Exoten, die ihre Blätter nicht verlieren, einen hellen, frostfreien Überwinterungsort. Der Strauch mit den pinkfarbenen Hochblättern muss noch vor den ersten Frösten eingeräumt werden. Fällt das Thermometer weiter, kommen die silberlaubigen Oliven dran.
Unter minus zehn Grad halten es nur winterharte Pflanzen aus. Funkien *(Hosta)* haben wie die meisten Stauden eine unterirdisch gute Überlebensstrategie entwickelt: Saft- und Kraftstoffe ziehen sie aus den vergilbenden Blättern in den Wurzelstock (1). Oberirdisch sterben sie ab. Aus den Überwinterungsorganen treiben sie im nächsten Jahr frisch aus. Im Topf schützt man ihren Wurzelballen. Wie wäre es mit einem Strickkleid?
Vor dem Einräumen werden Kübelpflanzen ausgeputzt und auf Schädlinge überprüft. Auch Kräuter in Töpfen wie Melisse *(Melissa officinalis)* schneidet man herunter (2).

1

2

Fast zu schön zum Ernten

Wer kann's am schnellsten sagen: „Blaukraut bleibt Blaukraut und Brautkleid bleibt Brautkleid"? So'n Quatsch. Aus einem Blaukraut wird ganz schnell ein Rotkraut. Verarbeitet man die seit zwei Wochen reif werdenden rotvioletten Kohlköpfe norddeutsch mit säurehaltigen Zutaten wie Essig, Wein, Äpfeln oder Johannisbeergelee, färben sie sich rötlich. Kommen auf dem Teller alkalisch reagierende Kartoffeln dazu, schlägt das Rotkraut in lilafarben um. Ein echtes Blaukraut wird aus Rotkohl, wenn er süddeutsch mit Zucker zubereitet wird. Das gleiche passiert je nach Boden: Rot auf saurem, lila in neutralem Milieu, richtig blau in alkalischer Erde. Der Grund ist der im farbigen Pendant zu Weißkohl enthaltene Farbstoff Cynidin-3-Glykosid. Er gehört zu den auch bei der Herbstfärbung zutage tretenden Anthocyanen. Unter anderem hat er die Aufgabe, die Pflanze vor erbgutschädigenden UV-Strahlen zu schützen.

Der Mensch freut sich über die Fänger von freien Radikalen in der Vitaminbombe Kohl. Vor allem aber ist das letzte Gemüse im Selbstanbau ein willkommener Saisonabschluss. Rosen- und Grünkohl schmecken nach den ersten Frösten erst richtig gut. „Ewiger Kohl" zeigt sich sogar komplett winterhart. Ein paar lilarote Zierkohlköpfe sind hauptsächlich wegen der dekorativen Wirkung gesetzt worden. Man könnte sie auch essen. In erster Linie sollen sie den Eiskristallen jedoch als Stoff für ihre Kunst dienen. Wenn man so will, bleibt Blaukraut damit Brautkleid.

November

5

6

7

8

Beet- und Edelrosen anhäufeln

9

10

Immer noch Pflanzzeit für Gehölze

11

Kohl-Geschichten

Wollte man die Herkunft unserer Kohlarten für die vierte Jahreszeit auskundschaften, müsste man zu den Küstenfelsen des Atlantiks von Spanien bis nach Südengland und Helgoland reisen. Hier fand der Mensch Wilden Kohl. In Kultur genommen, achtete man auf geschlossene Kopfbildung. Deren Ideal folgte je nach Region unterschiedlichen Vorstellungen. Stuttgarter Filderkraut – ideal für Sauerkraut – ragt spitz empor. Ostfriesische Palmen behaupten sich als krausköpfige Grünkohl-Originale. Rosenkohl entstand, wohl als Mutante, in der Region um Brüssel – angeblich aus Platzmangel. Dort hatte man eine Technik der vertikalen Kohl-Kultur entwickelt. Kann ein Stadtgarten da für aufragende Kohlarten und kleinköpfige Varianten zu klein sein?!

Frost abwarten

Grünkohl (1) entwickelt sein bestes Aroma wie Rosenkohl erst nach Kälteperioden unter 7 °C. Die Pflanze verlangsamt ihre Stoffwechselvorgänge. Sie verbraucht weniger des Zuckers, der im Kohl weiter angereichert wird. Diese Süße verfeinert seinen Geschmack. Violettfarbige Grünkohlsorten (4) und fast bläuliche Blattschmuckzungen des Toskanischen Palmkohls (3) sind so dekorativ, dass man sie sogar ins Blumenbeet pflanzt. Palmkohl hat ein milderes Aroma als die für deftige Gerichte beliebten Grünkohlsorten.
Kohl braucht Platz. Ausgewachsene Köpfe nehmen fast 0,5 Quadratmeter ein. Aber es gibt auch Minikohl (2). Lagerkohl, der bis Ende des Monats geerntet wird, verträgt etwas Frost.

Es tut sich was mit dem Blätterfall

Sie können schmatzen und schnurren und gelten als „schleckig Leckermaul". Was nach Haustier klingt, meint des Gärtners beste Freunde, die Boden- und Regenwürmer. Kein geringerer als Charles Darwin setzte sich für ihre Anerkennung als unentbehrliche Boden- und Humusbildner ein. Die Erde, die die Kleinlebewesen produzieren, ist im Vergleich zu normalem Gartenboden fünfmal reicher an pflanzenverfügbarem Stickstoff, der für den Massenzuwachs sorgt. Sie enthält siebenmal mehr Phosphor, einen Bodenstabilisator, der in der Pflanze als Energieüberträger die Blüten-, Samen- und Fruchtbildung fördert. Mit elfmal mehr Kali beugt von Bodenwürmern „bearbeitete" Erde Kümmerwuchs und Wassermangel vor. Und das beste: Das Unternehmen „reger Wurm" funktioniert nach dem Prinzip der nachhaltigen Kreislaufwirtschaft.

Alles organische Material, das wir als Abfall betrachten, ist für die Bodenbearbeiter ein gefundenes Fressen. Um mit ihnen ins Recyclinggeschäft zu kommen, braucht man einen Kompost. Das lässt sich mit geschlossenen Thermokompostern auch auf wenig Platz einrichten.

Der Aufbau erfolgt schichtweise: Auf eine Lage Garten- und Küchenabfälle vom Gemüseputzen bis zum Kaffeesatz streut man, wie Puderzucker über den Kuchen, eine Prise Korallalgenkalk. Darauf folgt eine Schicht Erde, eventuell eine halbe Handvoll Hornspäne, wieder organisches Material und so fort. In dieser Woche fallen sicher noch Blätter an. Ideal ist das Laub von Sträuchern und Bäumen, das sich schnell zersetzt. Wäre das menschliche Ohr feinsinniger, könnte man hören, wie es den „Schichtarbeitern" schmeckt.

November

12

13

14

Feldsalat mit Vlies schützen

15

16

Topfkräuter an der Hauswand überwintern

17

18

2

Sim-Salat-bim

Die Gemüsebeete haben sich geleert. Unter den Salaten harren die letzten Herbst- und Wintersorten aus. Endivien, Zuckerhut und Radicchio halten leichten Frösten stand (2). Der elegante Schildfarn *(Polystichum)* gehört zu den wintergrünen Farnen (1), die die Stellung halten, nachdem die goldgelb färbende Funkie *(Hosta)* (3) sich in die Erde zurückzieht. Nach der prachtvollen Herbstfärbung entblättert sich auch die weinrote Eichenblatt-Hortensie *(Hydrangea quercifolia)* (4).

Vom Wert der Immergrünen

Man muss kein Skatspieler sein, um festzustellen, dass sich derzeit nur mit einem guten Blatt gewinnen lässt. Die Blütezeit von Stauden beispielsweise liegt zwischen ein und zwölf Wochen. Das Jahr zählt 52. Gerade dort, wo der Platz Pflanzenvielfalt einschränkt, ist es sinnvoll, sich Gewächse zu halten, deren Laubwerk lange auftrumpft. Funkien sind solche Blattschmuckpflanzen. Doch auch sie haben sich mit einem fulminanten Herbstfärben verabschiedet. Nun schlägt die Stunde der Wintergrünen. In schattigen Randbereichen können das wintergrüne Farne sein. Sie sind absolut pflegeleicht. Von Raureif überzogen, kommt ihre malerische Textur erst richtig zur Geltung.

Die „Ich bin dann mal weg"-Jahreszeit

Es kommt die Zeit, in der man sich damit abfinden muss, dass das Fest der Farben und Düfte weitgehend zu Ende ist. Der Pessimist spricht schon vom Winterblues. Da tritt sein Kontrahent auf die

Bühne und sagt: „Umso besser, dann stehen Form und Struktur jetzt im Vordergrund." Tatsächlich kommen nach dem letzten Blätterfall Bereiche zum Vorschein, die man vorher nicht beachtet hat. „Siehst du", jammert der innere Schwarzmaler. Der Gartenraum wirkt leer und kahl. Dann muss man etwas an den entsprechenden Stellen oder an seiner Einstellung ändern, kontert der Optimist.

Ganz praktisch kann man die triste Jahreszeit mit kleinen Tricks verschönern. Ein dekorativer Bodenbelag bietet ganzjährig einen hübschen Anblick. Die je nach Bedarf bereits vor Schneelast und Winternässe zusammengebundenen nässeempfindlichen Ziergräser und Säulengehölze umschlingt eine Kordel so kunstvoll, dass man fast schon von einer Skulptur sprechen kann.

Eine völlig neue Dimension erhält die Verhüllungstechnik des Projektkünstlers Christo im Fall von einzupackenden Pflanzen. Die Stoffe müssen atmungsaktiv sein. Luftundurchlässige Folien sind im Kronenbereich von frostempfindlichen Pflanzen tabu. Wer nicht selber mit Vlies und Sackleinen kreativ werden will, findet im Handel ansehnliche Winterschutzhauben. Hokuspokus verschwindet alles Sprießende für ein paar Wochen wie unter einem Zauberhut. Aber wie groß ist dadurch die Freude, wenn der Garten nach dem Abtauchen in die Winterruhe zu neuem Leben erwacht. Dann wird sogar der Pessimist zugeben müssen, dass der Garten nicht halb leer war, sondern halb voll.

November

19

20

21

22
Abstandshalter unter Kübel legen, damit Wasser abläuft

23

24
Winterschutz für Rosen

25

Gut eingepackt

Für Topfpflanzen hat man Laub gesammelt und Winterschutzmaterialien besorgt. Im Kübel geht es Pflanzen nicht anders als uns: Die Sommergarderobe muss gegen warme Winterkleidung ausgetauscht werden. In den Gefäßen steht ihnen nur wenig Erdreich zur Verfügung. Frost greift von allen Seiten an. Der Boden gefriert schnell durch.

Wer braucht Schutz?

Das hohe Ziergras Chinaschilf *(Miscanthus sinensis)* trägt dekorative Samenstände, die bis weit in den Winter hinein schön bleiben (1). Stehen die winterharten Gräser im Erdboden, brauchen sie keinen Schutz. Anders ist das bei winterharten Gewächsen im Topf. Stellt man sie in einen Sack voll Laub, wirken die Blätter wie eine Isolierschicht (2). An der Wurzel sollte man alle überwinternden Topf- und Kübelpflanzen schützen, aber auch Rosen und frisch gepflanzte Gehölze. Neben Auflagen aus Laub und Tannenzweigen werden Kokosscheiben (im großen Bild links in der Kiste) immer beliebter. Nicht zu empfehlen sind Fichtenzweige, da sie schnell nadeln.

1

2

Töpfe überwinternder Pflanzen wickelt man ein, um starke Temperaturschwankungen im Wurzelbereich abzufedern. Kokosmatten leisten hier gute Dienste. In Kältelagen schützt eine Noppenfolie. Das Isoliermaterial versteckt man unter einem Deckmantel. Von Sackleinen über Heidekrautmatten bis zu Strickwaren ist hier alles denkbar.

Natürlich muss man jetzt dekorieren

Braucht der Mensch Wintervorräte? Um ruhig schlafen zu können, muss man sich keiner eingeweckten Gurkengläser und aufgestapelter Apfelkisten mehr vergewissern. Aber, wenn der Feldsalat und Kerbel mit Tannenzweigen abgedeckt sind, hat man doch ein besseres Gefühl. Noch unter dem Schnee ernten zu können, befeuert die Lust am Gärtnern. Ein neues Feld, das um diese Zeit beackert werden kann, ist natürlich auch schon entdeckt: Adventsdekorationen. Sie stimmen nicht nur im Haus auf die stille Zeit ein. Werden die Tage kälter und die Gartenarbeiten spärlicher, zieht man sich notgedrungen in seinen Bau zurück. Dann ist es schön, wenn man beim Blick aus dem Fenster etwas Dekoratives im Garten entdeckt.

Hier kommen die Tannenzweige wieder ins Spiel. Wo sie Rosenrankbogen und andere Gewächse vor Kälte schützen, ist noch Platz für Verzierungen. Farbige Juteschleifen, Hagebutten oder vielleicht ein Zapfenstreich? Man möchte gar nicht meinen, wie schnell man auf einem Waldspaziergang zum Eichhörnchen wird: Fichten-, Kiefern- und Tannenzapfen, Bucheckern und vielleicht sogar ein paar Nüsse sammeln sich leicht auf. Im Gegensatz zu den possierlichen Tierchen, von denen jedes einzelne für den Winter Tausende Koniferenzapfen und 8 Kilo Nüsse als Winternahrung versteckt, platziert der Zweibeiner die Beute gut sichtbar. Ob aufgefädelt, auf Tellern getürmt, eingebunden in Gestecke oder mit anderen Materialien adventlich arrangiert: Eine Portion Seelennahrung kann man in der tristen Jahreszeit immer brauchen.

November

26

27

28

Letzte Karotten ernten

29

30

Rosenkohl und Lauch ernten

1

Dezember

2

1

Advents-Deko

Da hatten die Zünfte in den dunkler werdenden Tagen ins Schwarze getroffen: Aus dem Jahre 1570 ist belegt, dass die fachlichen Vereinigungen der Handwerker in Bremen einen kleinen Tannenbaum im Zunfthaus aufstellten. Er war mit Äpfeln, Nüssen, Datteln, Brezeln und Papierblumen bestückt. Zu Weihnachten durften sich die Kinder darauf stürzen und sich für ihr geduldiges Warten belohnen.
Für vier Wochen Besinnlichkeit lassen wir uns heutzutage noch ganz andere Sachen einfallen. Geschmückt wird nicht nur drinnen, sondern auch draußen auf Balkon und Terrasse. Das Schöne am Dekorieren ist ja, dass man seiner kreativen Ader freien Lauf lassen kann. Wie spannend ist das, die Kartons mit über die Jahre gesammelter Weihnachtsdeko aus der Versenkung zu holen. Aber passen die Schmuckstücke noch zu Stil und Stimmung? Avantgardistische Designer übernehmen hier Vorbildfunktion. Sie sprechen von der „reduktiven Moderne" oder dem „transformativen Design". Altes wird umgenutzt, Abgelegtes „redesigned" instand gesetzt. Beispiel: Lichterkette. Anstatt den neuesten Glitzerlicht-Schrei zu erwerben, liefern übergestülpte Lampionblumen Erhellendes.

Lichterloh funkeln

Die orangeroten Hülsen der Lampionblume *(Physalis alkekengi)* tauchen eine LED-Lichterketter in neues Licht. Sie werden über die Lämpchen gestülpt und der Stiel mit Isolierband befestigt. Schlingt man die Lichterkette draußen über ein Spindelstrauch-Hochstämmchen (1) oder andere Immergrüne, muss die sicherheitsgeprüfte Lichtquelle (erkennbar am Siegel „CE" und „GS") für den Außenbereich („IP44") geeignet sein.
Im Adventsgesteck glitzern Goldkugeln und Silberschmuck (2). Der Adventskranz lebt vom Licht der Kerzen. „Immerwährende" Kränze werden jedes Jahr neu bestückt (3). Wer Tannengrün wählt, profitiert zusätzlich vom belebenden Koniferen-Duft.

2

3

Rotweinkuchen

250 g Butter
225 g Zucker
1 Päckchen Vanillezucker
4 Eier
1 TL Kakao
100 g Zartbitterschokolade
250 g Mehl
1 Päckchen Backpulver
100 ml Rotwein

Schokolade schmelzen. Butter, Zucker, Eier und Vanillezucker schaumig rühren. Geschmolzene Schokolade und Kakao unter Rühren hinzufügen. Das Mehl mit Backpulver mischen und mit Rotwein unter den Teig rühren.
Den Teig in eine gefettete Springform oder in Weckgläser füllen. Im vorgeheizten Backofen bei 170 °C ca. 1 Stunde backen (im Umluftherd bei 160 °C 55 Minuten). Nach dem Abkühlen mit Puderzucker oder Schokoglasur überziehen.

Gesunder Knabberspaß

Dörrobst ist leicht herzustellen, selbst wenn man keinen speziellen Dörrapparat besitzt. Für Apfelringe: süße, reife Äpfel raussuchen, Kerngehäuse ausstechen, in 8–10 mm dicke Scheiben schneiden und auf den Backofenrost legen. Die Apfelringe bei 50–70 °C Umluft mindestens 10 Stunden dörren und dabei ab und zu wenden. Feuchtigkeit unbedingt nach außen abziehen lassen: Ofentür während der ersten zwei Stunden öfter mal öffnen.

Schoko-Chili-Kipferl

60 g geriebene Nüsse
150 g Mehl
50 g Zucker
1 TL gemahlener Ceylon-Zimt
½–1 TL Chilipulver
100 g Butter
1 Ei
50 g fein geriebene Bitterschokolade (70 % Kakaoanteil)
Puderzucker

Nüsse, Mehl, Zucker, Zimt und Chilipulver mit Ei, Butter und Schokolade zu einem Mürbteig verarbeiten.
Den Teig etwa 2 Stunden kühl stellen, damit er mürbe wird.
Aus dem Mürbteig Kipferl formen.
Backofen vorheizen und die Kipferl bei 180 °C etwa 10 Minuten backen.
Die Adventsplätzchen kurz abkühlen lassen und mit Puderzucker bestäuben.

Gartengeräte-Grundausstattung

Hauptsache keine Mammutrippe! So könnte man denken, wenn es darum geht, eine Grundausstattung an Gartengeräten zusammenzustellen. In 40000 Jahren urbar gemachter Ländereien, hat sich das Handwerkzeug den gewandelten Bedingungen angepasst. Aus dem tierischen Pflanzstock der Steinzeitmenschen ist ein Sammelsurium von Hacken, Hauen, Schuffeln und Krallen geworden. Aber was davon braucht man wirklich? Einen Spaten allemal. Das wussten schon die Römer. Ihr eisenbeschlagenes Werkzeug zum Um-, Ein- und Ausgraben schleppten sie in alle eroberten Gebiete mit. Handlich und leicht, als wolle man ihn überall hin mitnehmen, soll der Spaten weiterhin sein. Das Spatenblatt muss aus einem Stück geschmiedet sein und die Antrittsfläche gut ausgeformt. Die richtige Größe hat er, wenn er, aufrecht vor den Gärtner gestellt, über den Bauchnabel und unter die Rippen reicht. Rippen – war da nicht was? Keine Angst! Im Stadtgarten will man keine Mammutprojekte stemmen. Möglicherweise reicht schon die kleine Schwester des Spatens, namens Pflanz- oder Setzkelle. Nützliche Helfer sind Unkrautstecher und Gartenschere.

Immer ist auf Qualität zu achten. Nicht, dass es einem so geht wie Knoll in Wilhelm Busch's „Der Maulwurf": „Schnell eilt er fort und holt die Hacke. Daß er den schwarzen Wühler packe. Schwupp! Da – und Knoll verfehlt das Ziel. Die Hacke trennt sich von dem Stiel." Gut, heute kann das auch gewollt sein. Dann nämlich, wenn man eines der Aufstecksysteme nutzt. Dann hat man einen Stiel und Vorsätze von der Unkrautschlaghacke bis zum glättenden Rechen. Braucht's nur noch was im Nutzgarten, das den Boden lockert, ohne die Schichten zu zerstören. Das nennt sich Sauzahn.

Dezember

3

4
Barbaratag: Blütenzweige schneiden, blühen an Weihnachten auf

5

6

7

8
Überwinternde Kübelpflanzen auf Schädlingsbefall überprüfen

9

Gut gepflegt

An einem sonnigen Wintertag kann ein Gewächshaus (1) der einladendste Ort sein, Arbeiten zu verrichten, die man allzu gerne aufschiebt: Vor dem Einlagern sollten die Gartengeräte noch einmal gründlich überholt werden. Handwerkzeug wird je nach Verschmutzungsgrad mit Wasser und Bürste gereinigt und trocken gewischt oder mit einem Tuch abgerieben (2). Die Blumengabel dringt mit ihrem Dreizack besonders leicht in den Boden ein und ist auf schweren Böden die ideale Ergänzung zur Pflanzschaufel. Glatte Oberflächen gleiten leichter durch den Boden. Das spart Kraft beim Bearbeiten. Deshalb werden Metallteile wie die Pflanzfläche der Handschaufel nach dem Säubern mit Leinöl eingerieben (3). Auch hier macht sich Qualitäts-Werkzeug bezahlt: Edelstahl-Geräte setzen keinen Rost an. Ein Griff aus Eschenholz oder Gummibaumholz fasst sich angenehm an.

Geräte-Wahl

Die Medizin-Weisheit „viel hilft nicht viel" lässt sich auch auf die Gartenausstattung übertragen: Gerade als Gartenanfänger beschränkt man sich zu Anfang lieber auf ein paar wenige, dafür aber vielseitig einsetzbare Werkzeuge von guter Qualität. Mit dem Erfahrungsschatz wächst der Bestand an Spezialgerät automatisch.

In Größe und Gewicht sollten Gartengeräte den Gesetzen der Ergonomie gehorchen. Nach den Erkenntnissen der „Wissenschaft von den Leistungsmöglichkeiten und -grenzen des arbeitenden Menschen" könnte beispielsweise eine speziell für Frauenhände geformte Rosenschere besser in der Hand liegen als der Standard. Sinnvollerweise probiert man das vor dem Kauf aus.

2

3

Twittern analog

... oder wie holt man sich Gezwitscher in den Garten

Still ist es geworden. Schnee dämpft die Lautstärke. Aber es muss etwas anderes sein als ein auf leisen Sohlen daherkommen. Es fehlt was. Und dieses Etwas schafft es, uns durch seine Abwesenheit bewusst zu machen, wie gut es tut. Vogelgezwitscher! Es harmonisiert und belebt. Oder geht das auf ein wieder zunehmendes Licht und die frisch erwachte Kraft zurück, die auch Rotkehlchen und Zaunkönig in ein paar Wochen antreibt, ihren Frühlingsgefühlen freien Lauf zu lassen? Derzeit jedenfalls schweigt die Zwitscher-Community. Bis auf das Gekecker einer schimpfend davonfliegenden Amsel, ist kein „zizi bää“ einer Kohlmeise und kein Schilp-Rapp der Spatzen-Gang zu hören. Für beide Rufe gibt es eine Übersetzung: „Sitz i da“ und „Will viel, will viel“. Viel brauchen die Vögel im Winter. Je tiefer die Temperaturen sinken, desto schwieriger wird es für unsere engsten Verbündeten im Kampf gegen Schnecken und Schadinsekten, Nahrung zu finden.

Will man Vögel in einer naturgemäßen Lebensweise unterstützen, stehen auch im Stadtgarten Samenstände und Beeren von Liguster, Cotoneaster und Feuerdorn an erster Stelle. Amseln freuen sich über aufgeschnittene Äpfel. Horizontal halbiert, sind die Hälften standfester und die Drosselvögel picken das Fruchtfleisch wie aus einem Napf. An die gedeckte Tafel bittet man mit selbst gemischtem Vogelfutter. Haferflocken, Sonnenblumenkerne und Mandel- oder andere Nusssplitter an Palmfett lautet ein Rezept. In dekorative Formen mit weihnachtlichen Motiven gegossen und mit einer Schnur an einem Ast aufgehängt, geben Meisen daran eine sehenswerte Vorstellung. Wenn man sich ganz ruhig verhält, kann man den gefiederten Gästen beim Schmausen zuschauen.

Dezember

10

11

12

Kresse am Küchenfenster ziehen

13

14

In frostfreien Zeiten Immergrüne wässern

15

16

Hilfst du mir, helf' ich dir

Es lohnt sich auch im Kleinen, in die Hotelbranche einzusteigen: Das Insektenhotel ist Überwinterungsquartier, natürlicher Brut- und Lebensraum nützlicher Gartenhelfer, und im Winter ein echter Blickfang. Das Geschäftsmodell funktioniert in der Art von Naturalienhandel: Der Gartenbesitzer bietet einen mit unterschiedlich dick angebohrten Stamm- und Astscheiben ausgestatteten Holzkasten an. Die eingezogenen Wildbienen und Hummeln befruchten im Gegenzug die blühenden Gartengewächse und sorgen für reiches Fruchten. Florfliegen, Marienkäfer und Co. vertilgen Blattläuse und halten andere Schadinsekten in Schach. Neben der „Pension“ für nützliche Tiere, wozu auch Nistkästen für Vögel zählen, sollte man ein „Restaurant“ eingerichtet haben. In der Saison sind das nektarreiche Insektenpflanzen und Beerensträucher. Bis in den Winter zehren Vögel von stehen gelassenen Samenständen und Gehölzen, die Früchte tragen. Wer ein Futterhäuschen aufstellt, sollte es regelmäßig säubern.

An alles gedacht

Zieräpfel sind ideal für den kleinen Garten. Je nach Sorte hängen gelbe oder rote Äpfelchen *(Malus baccata)* bis zum Schnee am Baum (1). Im April haben sie überreich geblüht. Im Sommer reifen dekorative Früchte heran. Werden die Äpfel nach Frostnächten mürbe, sind die zuvor als Spender für Advents-Deko oder selbst gekochtes Apfelgelee genutzten Früchte eine begehrte Energiequelle für Vögel. Einen Platz für Insekten bieten Insektenhotels (2). Man kann sie nach Belieben selbst zimmern oder auf einen Bausatz zurückgreifen. Wichtig sind die in unterschiedlicher Lochgröße angebohrten Hölzer. Gerne werden auch Holzwolle, Stroh und markhaltige Stängel beispielsweise von Holunder angenommen.

Für die gefiederten Freunde gibt es eine reiche Auswahl an Nistkästen (3). Über Winter lässt man sie als Notunterkunft bei starker Kälte hängen. Vor der Brutzeit werden sie geleert und gereinigt.

Rückschau halten

Unter allen Weihnachtsgeschenken kommt das größte vom Garten: Ein zwölfmonatiges Paket aus Erlebnissen und Erinnerungen. Mit Vorfreude auf die nächste Saison packt man alles noch einmal aus und begutachtet das Gewesene mit Hilfe der Aufzeichnungen im Stadtgarten-Diary. Ein Tagebuch auszuwerten, beflügelt die Pläne für die nächste Saison und bewahrt davor, Fehler aus der Vergangenheit zu wiederholen. Eine Mogelpackung mehltauanfälliger Gemüsesorten kommt einem nicht mehr unter. Andere Arten dagegen haben in ihrer gesunden Wuchsfreude ganze Präsentkörbe zusammengestellt. Was sich bewährt, darf bleiben, wird wieder gesät oder als Ableger und Saatgut sogar weitergereicht. Enttäuschende Gewächse sortiert man aus oder gibt ihnen an anderer Stelle eine zweite Chance.

Etwas in der Rückschau auf den Prüfstand zu stellen, bedeutet auch, die Gründe für gärtnerisches Gelingen oder Scheitern zu erforschen. Vielleicht lag's am Wetter – viele Gartentagebuchschreiber notieren deshalb auffällige Witterungsverläufe. Möglicherweise stand eine Pflanze nur am falschen Platz. „Von einer sonnenhungrigen Staude kannst du im Schatten keine Blütenfülle erwarten", würde der im Garten erfahrene Großonkel sagen. Die gleiche Person könnte zu der Kategorie Verwandtschaft gehören, die immer Sachen verschenkt, die so gar nicht zum eigenen Stil passen. Im Kräuterbeet war's doch so: Wie hatte man sich auf sein schickes Strandbeet mit Austernpflanzen und Meerkohl gefreut. Und dann bekam man Suppengrün-Pflänzchen geschenkt: Sellerie, Möhren, Lauch, Petersilie. Man hat die Suppe ausgelöffelt. Im Nachhinein muss man sagen: Die Erfahrung war es wert. Und das schönste Geschenk gab es obendrein: Es gibt noch was zu wünschen.

Dezember

17

18

19

Vogelfutter selbst herstellen

20

21

Spaliere renovieren

22

23

1

Kunsthandwerk

Jeder ist seines Glückes Schmied. Mit allem, was man in seinem Garten erschafft, formt man sich und seine Umwelt. Man kann das aber auch mal ganz wörtlich nehmen. Ein handgeschmiedetes Element wertet den Garten auf. Solche Schmiedekunst bietet sich für Rankgerüste, Zaunelemente oder das Gartentor an. Die Schmuckstücke stellt man möglichst an Stellen auf, die man im Winter von der Wohnung aus sieht. So hat man mit dem Blickfang selbst an tristen Tagen „ein heißes Eisen im Feuer".

Pläne schmieden lassen sich am besten, wenn Schnee gefallen ist. Das Winterweiß legt sich auf alle graphischen Elemente. Damit zeigt sich, wo der Garten rund ums Jahr ansprechend ist, und wo noch Lücken klaffen. Als flockiger Bildhauer arbeitet Schnee Strukturen heraus. Am schmiedeeisernen Tor hat er besonderen Gefallen gefunden. Im Sommer ist die kunstvolle Form viel weniger aufgefallen. Als Grundgerüst dient dem Winterweiß auch Geäst.

Geglückt

Ein Gartentor bietet sich für handgeschmiedete Verzierungen an (1). Anders als bei Kundeneingängen öffnen Gartentore nach innen. In verschneitem Zustand allerdings ist man darauf bedacht, keine Spuren im Winterweiß zu hinterlassen. Nichts wirkt jetzt malerischer als unberührter Schnee. Die Ausgestaltung des Gartentürchens könnte ein Kunstschmied übernehmen. Im Feuer erhitzt, lässt sich glühendes Eisen nach Belieben formen (2).

So entsteht auch das Hufeisen. Es ist Glückssymbol und Geschenkidee zum neuen Jahr. „Damit das Glück nicht heraus fällt", heißt es, wird es aufgehangen, wie der Hufschmied es den Pferden auf die Hufe nagelt: mit der Öffnung nach oben (3).

Wunsch wird Wirklichkeit

Schon mal daran gedacht, ein Moodboard anzulegen? Wie auf einer Pinnwand sammelt man Infos und Ideen, und stellt sie zu einer inspirierenden Collage zusammen, die das Gesicht des Gartens im nächsten Jahr verändern könnte. In der Kreativbranche nutzt man solche visuellen Stimmungs-Tafeln, um neue Konzepte zu entwickeln.

Welches Potenzial das birgt, wird beim Besuch eines Außenstehenden klar: „Was soll die Reisebuchung?" Steht für: Lieblingsgewächse am Naturstandort besuchen. Pflanzen sind umso vitaler, je näher ihr Gartenplatz dem Naturstandort kommt. Bei Kräutern beeinflusst das sogar ihr Aroma.„Wozu die Schilder 'Move it!'?" Die steckt man an Pflanzen, die falsch stehen. Oftmals merkt man das zu einer Zeit, da das Umpflanzen schadet. Bis zum Herbst hätte man es ohne Schild wieder vergessen. „Eine Eintrittskarte zur Langen Nacht der Museen?" Vielleicht lädt man nächstes Jahr zur Nachtdufter-Ausstellung ein oder präsentiert die Gießkannen-Sammlung. "Schickes Stoffmuster!" Ermuntert zu mehr haptischen Erlebnissen im Garten. „Schöne Zeichnung von der Gartenbank. Und das Parfüm-Label daneben?" Das soll daran erinnern, dass man Duftpflanzen bevorzugt dorthin setzt, wo man sich häufig aufhält oder vorbeistreift. „Und die Adressliste?" Anbau-Community gründen. Viele Gemüsepflänzchen werden nur im 12er Pack verkauft und in den Samentütchen ist auch meist zu viel für eine Stadtgartensaison. Es knistert. Der Besucher hätte noch einen Spruch von Søren Kierkegaard zu bieten. Wird angepinnt. In Vorbereitung auf das kommende Gartenjahr steht dort: „Der eigentliche Genuss liegt nicht in dem, was man genießt, sondern in der Vorstellung."

Dezember

24

25

26

27

Feldsalat unter Vlies ernten

28

29

Immergrüne bei starker Sonne schattieren

30

31

Ausblick

Ein Großstädter sinnierte am Ende des Jahres über den dreizehnten Monat. Sein Name: Erich Kästner, Humorist, bekannt als Kinderbuch-Klassiker und reimender Philosoph für Erwachsene: „Wie säh er aus, wenn er sich wünschen ließe? Schaltmonat wär? Vielleicht Elfember hieße?"
In unseren Träumen gibt's ihn längst. Ganz selbstverständlich tritt er auf den Plan. Die Farben sensationell. Was sich im Lauf der Jahreszeiten von einem blauen Band, das Frühling heißt, pastellig sommerwärts zu satten warmen Tönen steigerte, im Herbst durchmischt von neuer Frische gewaltig loderte, bis es in erdiger Ausklangs-Färbung gen Boden sank, erscheint als großes Feuerwerk am Himmel von Utopia. Ein Highlight nach dem anderen. Wäre das zu ertragen? Am Ende muss man doch mit Kästner einsehen: „Geduld, mein Herz. Im Kreise geht die Reise. Und dem Dezember folgt der Januar."

Register

Rezepte

Gartengestalter

www.blumen-gaerten.de
S. 8, 144–45, 214

www.jrpraxl.de
S. 8, 144–45

Gärtnereien

www.extragruen-freising.de
S. 17, 74, 77, 79, 84, 136

www.die-muehlbachgaertnerei.de
S. 25, 70, 73, 118, 119, 162, 164–165, 182

www.floramediterranea.de
S. 186, 225

www.kraeutergarten-haas.at
S. 170–171

Gartendeko

www.brigitte-peglow.de
S. 38

www.schoene-dinge-lahme.de
S. 63, 88–89, 122, 124–127

www.gartenornamentik.de
S. 92–93, 120 ,130–131, 133–134

www.stoffhaus-freising.de
S. 116, 138

Rund um den Garten

www.regina-brasse.de
S. 234

www.aschwin.de
S. 241

www.pflanzenlust.de
S. 55, 58, 121, 243

Weiterführende Infos

Praktische Tipps für Hobbygärtner geben die Gartenakademien der einzelnen Bundesländer.

Eine Übersicht gibt es auf
www.gartenakademie.info/themen/startseite.php

Informationen zu Pflanzen unter
www.hortipendium.de

Eine persönliche Auswahl an Gärtnereifavoriten für

Kräuter

www.kraeuter-und-duftpflanzen.de
www.herb-s.de

Stauden

www.staudengaissmayer.de
www.stauden-stade.de

Gemüse

www.biogartenversand.de
www.bio-saatgut.de

Dank

Die Bilder sind in verschiedenen Privatgärten, den Weihenstephaner Gärten, dem Botanischen Garten München, dem Lehr- und Beispielbetrieb Deutenkofen und den Gärten Trautmannsdorff entstanden. Bei allen Gärtnern, Gartengestaltern, Gartenbesitzern, Künstlern und Firmen bedanken wir uns für die freundliche Unterstützung, ohne die dieses Buch nicht zustande gekommen wäre.
Ein besonderer Dank gilt allen, die beim Kochen und als Model mitgeholfen haben, namentlich Barbara, Eline, Claudia, Luis, Vanessa, Theresa, Gerardo, Walburga, Sophie, Sabine, Fridolin, Silke, Veronika, Andi, Lara, Jana, Jürgen, Florin, Luis, Anna-Lena, Sophia, Rosi, Willi, Markus, Tanja, Andi, Mina, Marlon, Lydia und Thomas.

Impressum

FSC
www.fsc.org
MIX
Papier aus verantwortungsvollen Quellen
FSC® C083411

Das für dieses Buch verwendete FSC®-zertifizierte Papier *Arcoset white* liefert Fedrigoni.

1. Auflage

Grafische Gestaltung, Einbandentwurf und Herstellung: Susanne Hermann/DVA
Lithografie: Reproline Mediateam, München
Druck und Bindung: CPI – Clausen & Bosse, Leck
Printed in Germany
ISBN 978-3-421-03874-6

www.dva.de

Kathrin Hofmeister

hat im Staudensichtungsgarten Weihenstephan ihre Gärtnerlehre absolviert und an der Universität Passau das Studium als Diplom-Kulturwirtin abgeschlossen. Die ausgebildete Journalistin schreibt für führende Gartenzeitschriften und hat mehrere Bücher zur Gartengestaltung veröffentlicht. Sie lebt in der QuattroPole-Region Luxemburg, Metz, Saarbrücken, Tier.

Christa Brand

wurde an der Bayerischen Staatslehranstalt für Fotografie in München ausgebildet und hat die Meisterprüfung mit Auszeichnung abgeschlossen. Seit 1995 hat sie sich auf Gartenfotografie spezialisiert. Ihre Fotos werden in führenden Gartenzeitschriften sowie in Büchern und Kalendern veröffentlicht. Sie wohnt in Ismaning bei München.